小学全漢字 26

覚え残し0《ゼロ》

問題集!

本書の特長

ステップアップするチェックテストで、小学漢字を覚えきる!

本書は、小学校で学ぶ全漢字を、学年別⇒観点別でしっかり総点検し、覚えきることができます。

「読み問題」「書き問題」「筆順・字形の問題」で、小学生のうちにおさえておきたい漢字の問題をコンプリートしています。

「観点別問題」と各章末の「最終チェック問題」では、より実戦的な問題にチャレンジしましょう。

「覚え残し0」のくふうがいっぱい!

・チェックボックス☑に印をつけることで、覚え残した漢字が一目でわかります。別冊解答の「練習マス」を活用して、まちがえた漢字の書き取り練習がその場でできます。

・別冊の巻末にある「暗記帳」コーナーに覚えられない漢字を記録して、くり返し練習できます。

つまずき学年に集中することもできる!

巻頭の「漢字力診断《しんだん》チェックテスト」で、現在の漢字力を一気にチェック。つまずいた学年から学習をはじめることで、効率的な学習ができます。

もくじ

本書の使い方

ステップ1

苦手な漢字が多い学年を洗い出します！

▼「漢字力診断チェックテスト」（書き問題）

今、小学漢字をどのくらい覚えているかを点検できます。答え合わせをしたら、まちがえた漢字を集計して診断。つまずき学年を見つけましょう。

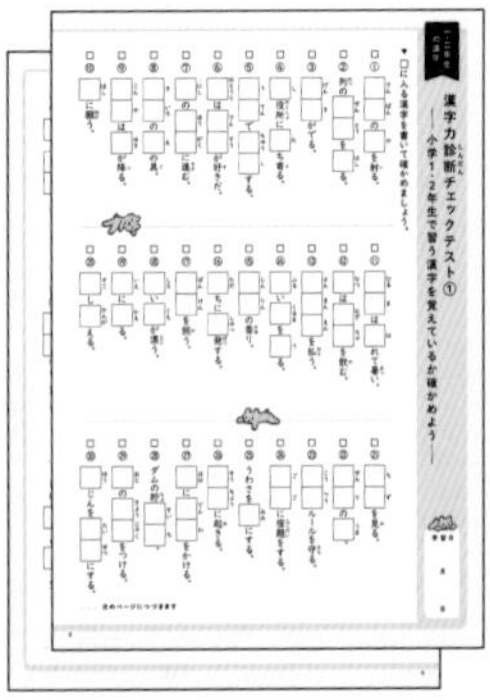

⇓くわしくは4ページ

ステップ2

それぞれの学年で習った全漢字を、スピードチェックします！

▼「読み問題スピードチェック」（全漢字カバー）

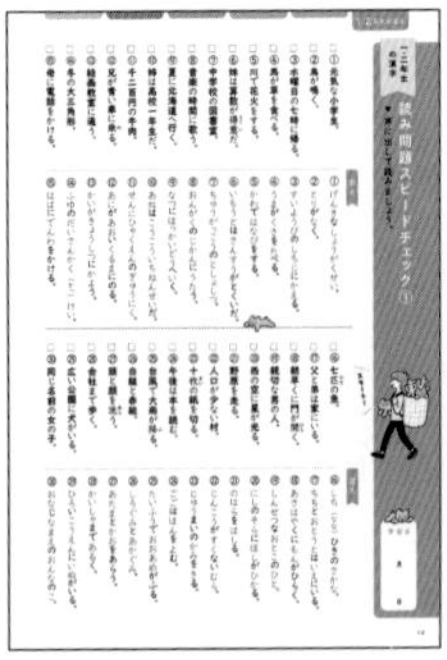

書きこまずに、声に出して読みながら取り組みます。下の答えをかくして、どんどん読んでいきましょう。

▼「書き問題スピードチェック」（全漢字カバー）

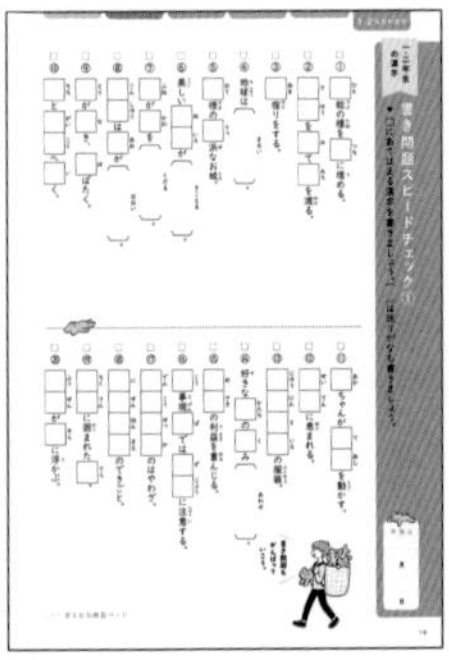

書きこみ式のチェックテストです。別冊解答を見て、答え合わせをしましょう。

※巻末の別冊解答は、取り外してお使いください。

▼「書き順や字形の問題」

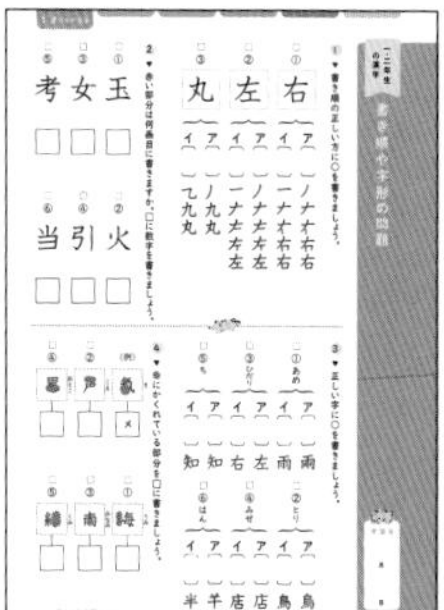

筆順や、字形をまちがえやすい漢字をピンポイントでおさらいします。

ステップ3

手応えのある問題で、小学校の漢字をマスター！

▼「観点別チェック」

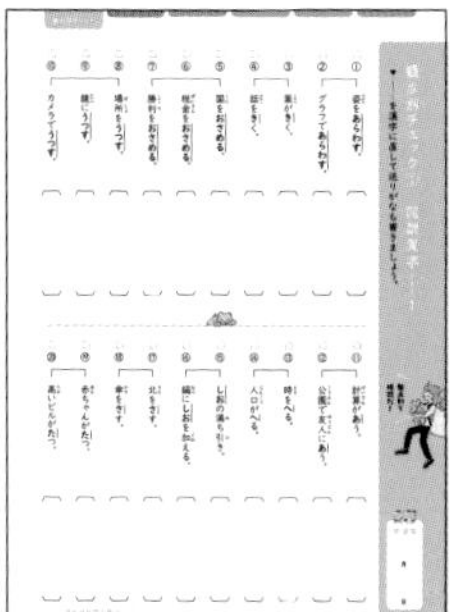

おさえておきたい漢字の観点別の問題に、学年横断で取り組みます。

▼「最終チェック問題」

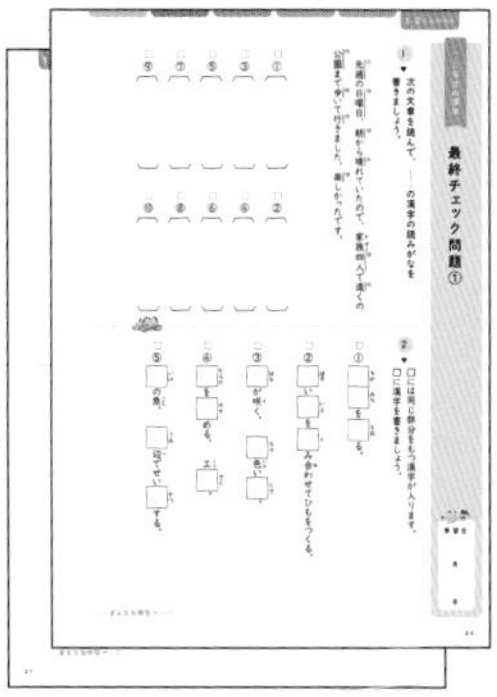

ステップ2・ステップ3では、最後にもう一度、力だめし！テストなどによく出る実戦的な問題にチャレンジします。

漢字力診《しん》断《だん》チェックテストの使い方

1 三回のチェックテストに取り組む。

5〜10ページのチェックテストを活用して、今どのくらい小学漢字が書けるのかを診断しましょう！

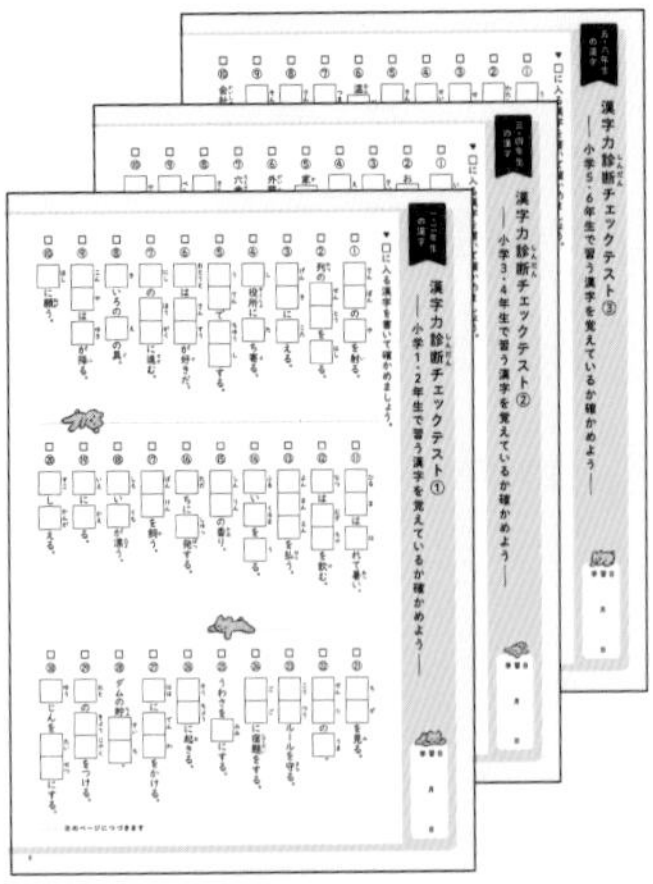

※一回につき、表裏2ページ。

2 別冊解答で答え合わせをする。

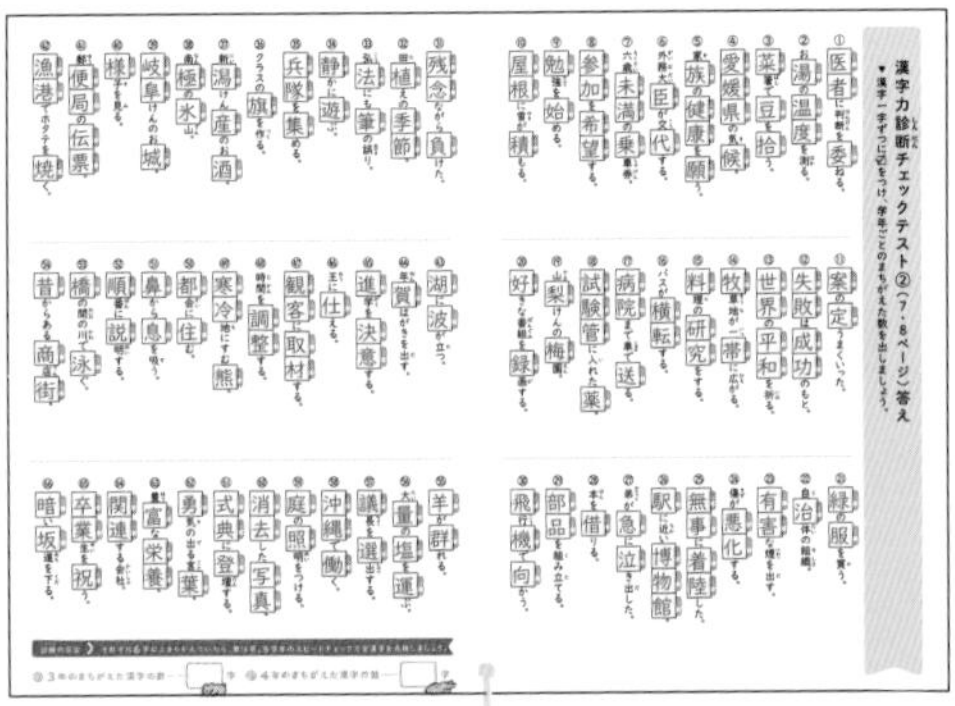

別冊は取り外して使います。
答えは赤字で見やすい！

3 できた漢字は、チェック☑。

チェックボックスに、漢字を習う学年が書いてあります。

4 まちがえた漢字の数を、別冊解答ページの左下のコーナーに書きこむ。

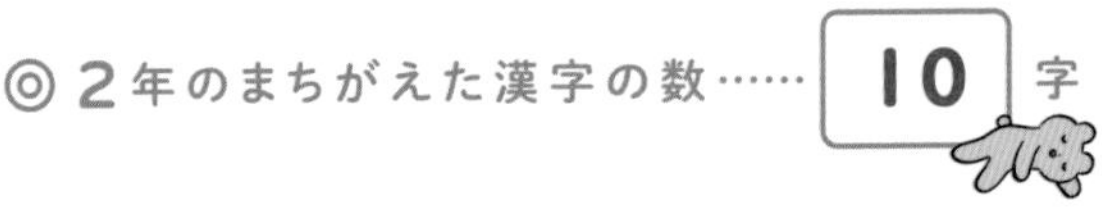

まちがえた漢字の数で、漢字力を診断します。要注意の学年は、各学年のスピードチェックで、全漢字を点検しましょう！

漢字力診断チェックテスト①

―小学1・2年生で習う漢字を覚えているか確かめよう―

▼□に入る漢字を書いて確かめましょう。

□ ① □□《さんぼん》の□《や》を射《い》る。

□ ② 列《れつ》の□□《せんとう》を□《はし》る。

□ ③ □□《げんき》がでる。

□ ④ □《し》役所《やくしょ》に□《た》ち寄《よ》る。

□ ⑤ □□《うてん》で□□《ちゅうし》する。

□ ⑥ □《おとうと》は□□《さんすう》が好《す》きだ。

□ ⑦ □《にし》の□□《ほうがく》に進《すす》む。

□ ⑧ □□《きいろ》の□《え》の具《ぐ》。

□ ⑨ □□《こんや》は□《ゆき》が降《ふ》る。

□ ⑩ □《ほし》に願《ねが》う。

□ ⑪ □□《ひるま》は□《は》れて暑《あつ》い。

□ ⑫ □《なつ》は□□《むぎちゃ》を飲《の》む。

□ ⑬ □□□《よんまんえん》を払《はら》う。

□ ⑭ □《ふる》い□《くるま》を□《う》る。

□ ⑮ □□《しんりん》の香《かお》り。

□ ⑯ □《ただ》ちに□《しゅっ》発《ぱつ》する。

□ ⑰ □□《ばんけん》を飼《か》う。

□ ⑱ □《しろ》い□《くも》が漂《ただよ》う。

□ ⑲ □《いえ》に□《かえ》る。

□ ⑳ □《すこ》し□《かんが》える。

□ ㉑ □□《ちず》を見《み》る。

□ ㉒ □□《せんり》の□《うま》。

□ ㉓ □□《こうつう》ルールを守《まも》る。

□ ㉔ □□《ごご》に宿題《しゅくだい》をする。

□ ㉕ うわさを□《みみ》にする。

□ ㉖ □□《そうちょう》に起《お》きる。

□ ㉗ □《はは》に□□《でんわ》をかける。

□ ㉘ ダムの貯《ちょ》□□《すいち》。

□ ㉙ □《おと》の□□《きょうじゃく》をつける。

□ ㉚ □《ゆう》じんを□□《たいせつ》にする。

次のページにつづきます

学習日

月

日

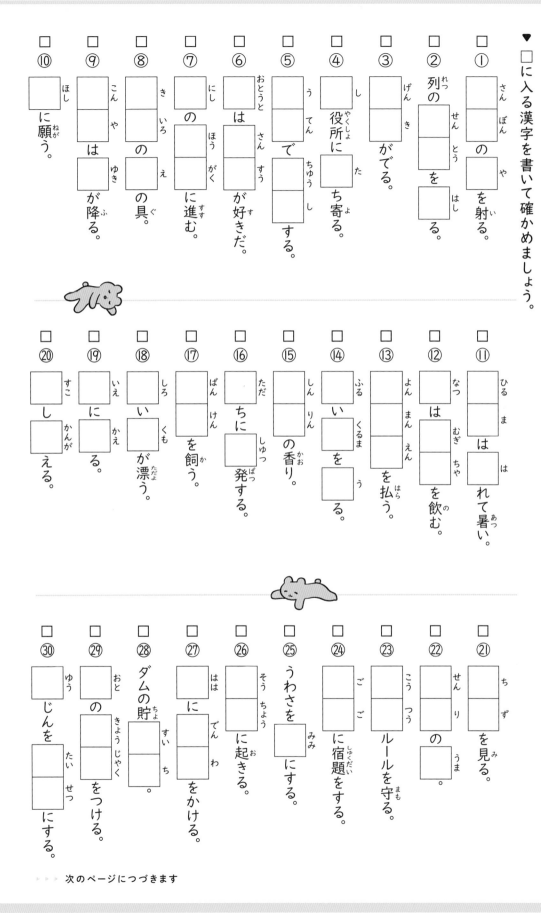

□ ㉛ □□《がんせき》が落《お》ちる。

□ ㉜ □□《とうきょう》都《と》の□□《じんこう》。

□ ㉝ □□□□《ほっかいどう》の□《ふゆ》は寒《さむ》い。

□ ㉞ いっ□《し》乱《みだ》れぬ動《うご》き。

□ ㉟ 鉛筆《えんぴつ》で□《しる》す。

□ ㊱ □《あき》に□□《えんそく》にいく。

□ ㊲ □《おな》じ服《ふく》を着《き》た□□《おやこ》。

□ ㊳ お□《てら》の□□《せいもん》。

□ ㊴ □《かわ》で□《さかな》を釣《つ》る。

□ ㊵ ことばを□□《いんよう》する。

□ ㊶ □□《げんてん》に戻《もど》ってかんがえる。

□ ㊷ □《くび》を□□《さゆう》に振《ふ》る。

□ ㊸ □《こ》かげで□《やす》む。

□ ㊹ □□《らいしゅう》が□《たの》しみだ。

□ ㊺ がい□《こく》の□□《げんご》。

□ ㊻ □《や》球《きゅう》□《じょう》は□《ひろ》い。

□ ㊼ □《つき》の□《なか》ば。

□ ㊽ □□《こうちょう》のあいさつ。

□ ㊾ □《かお》が似《に》ている□《あね》と□《いもうと》。

□ ㊿ □□□《でんえんふう》景《けい》。

□ 51 □《ゆみ》の□□《めいしゅ》。

□ 52 □《むら》の□《はず》れの□《やしろ》。

□ 53 □《はる》の俳句《はいく》。

□ 54 □□《ゆうしょく》のよう意《い》をする。

□ 55 □□《りか》の実験《じっけん》□□《きょうしつ》。

□ 56 □□《ぎゅうにく》を□《ひ》であぶる。

□ 57 □□《なんかい》もたずねる。

□ 58 □《じ》かんを□《はか》る。

□ 59 □《め》を□《ほそ》める。

□ 60 □《とり》が□《みなみ》に渡《わた》る。

□ 61 予定《よてい》を□《あ》ける。

□ 62 □《くろ》い□《かい》をひろう。

□ 63 □《ちち》と漁《ぎょ》□《せん》に乗《の》る。

□ 64 □《むし》の□《な》く□《こえ》。

□ 65 □《はな》のなまえを調《しら》べる。

□ 66 □《あたら》しい□《うた》を覚《おぼ》える。

▸▸▸ 答えは別冊2・3ページ

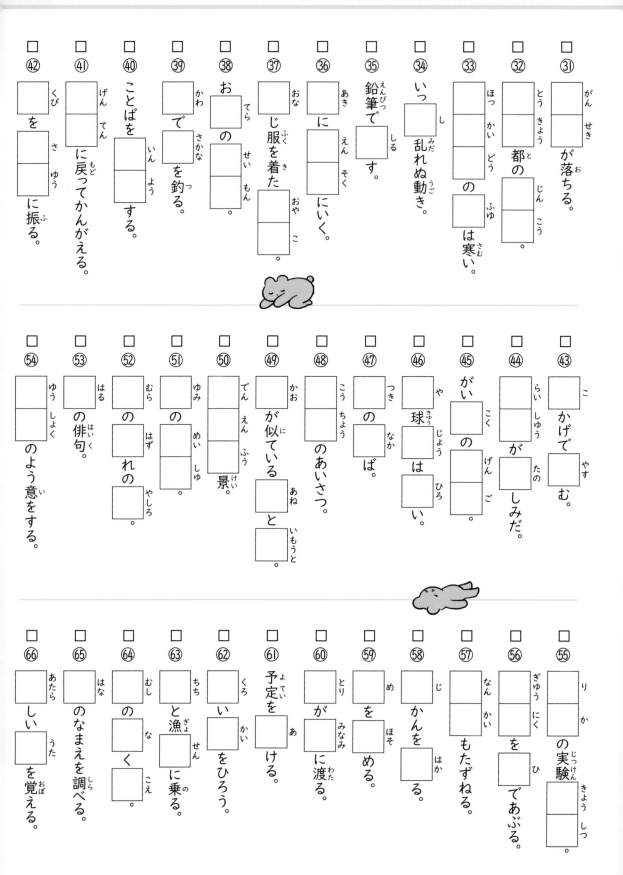

漢字力診断チェックテスト②

―小学3・4年生で習う漢字を覚えているか確かめよう―

▼□に入る漢字を書いて確かめましょう。

□ ① □□《いしゃ》に判断《はんだん》を□《ゆだ》ねる。

□ ② お□《ゆ》の□□《おんど》を測《はか》る。

□ ③ □《さい》箸《ばし》で□《まめ》を□《ひろ》う。

□ ④ □□□《えひめけん》の気《き》□《こう》。

□ ⑤ 家《か》□《ぞく》の□□《けんこう》を□《ねが》う。

□ ⑥ 外務大《がいむだい》□《じん》が交《こう》□《たい》する。

□ ⑦ 六歳《ろくさい》□□《みまん》の□《じょう》車券《しゃけん》。

□ ⑧ □□《さんか》を□□《きぼう》する。

□ ⑨ □《べん》強《きょう》を□《はじ》める。

□ ⑩ □□《やね》に雪《ゆき》が□《つ》もる。

□ ⑪ □《あん》の□《じょう》うまくいった。

□ ⑫ □□《しっぱい》は□□《せいこう》のもと。

□ ⑬ □□《せかい》の□□《へいわ》を祈《いの》る。

□ ⑭ □《ぼく》草地《そうち》が一《いっ》□《たい》に広《ひろ》がる。

□ ⑮ □《りょう》理《り》の□□《けんきゅう》をする。

□ ⑯ バスが□□《おうてん》する。

□ ⑰ □□《びょういん》まで車《くるま》で□《おく》る。

□ ⑱ □□□《しけんかん》に入《い》れた□《くすり》。

□ ⑲ 山《やま》□《なし》けんの□《ばい》園《えん》。

□ ⑳ □《す》きな番組《ばんぐみ》を□《ろく》画《が》する。

□ ㉑ □《みどり》の□《ふく》を買《か》う。

□ ㉒ 自《じ》□《ち》体《たい》の組織《そしき》。

□ ㉓ □□《ゆうがい》な煙《けむり》を出《だ》す。

□ ㉔ 傷《きず》が□□《あっか》する。

□ ㉕ □□《ぶじ》に□□《ちゃくりく》した。

□ ㉖ □《えき》に近《ちか》い□□□《はくぶつかん》。

□ ㉗ 弟《おとうと》が□《きゅう》に□《な》き出《だ》した。

□ ㉘ 本《ほん》を□《か》りる。

□ ㉙ □□《ぶひん》を組《く》み立《た》てる。

□ ㉚ □《ひ》行《こう》□《き》で□《む》かう。

▸▸▸ 次のページにつづきます

学習日　月　日

□ ㉛ □□《ざんねん》ながら□《ま》けた。

□ ㉜ 田《た》□《う》えの□□《きせつ》。

□ ㉝ 弘《こう》□《ぼう》にも□《ふで》の誤《あやま》り。

□ ㉞ □《しず》かに□《あそ》ぶ。

□ ㉟ □□《へいたい》を□《あつ》める。

□ ㊱ クラスの□《はた》を作《つく》る。

□ ㊲ 新《にい》□《がた》けん□《さん》のお□《さけ》。

□ ㊳ 南《なん》□《きょく》の□《ひょう》山《ざん》。

□ ㊴ □□《ぎふ》けんのお□《しろ》。

□ ㊵ □《よう》子《す》を見《み》る。

□ ㊶ 郵《ゆう》□□《びんきょく》の□□《でんぴょう》。

□ ㊷ □□《ぎょこう》でホタテを□《や》く。

□ ㊸ □《みずうみ》に□《なみ》が立《た》つ。

□ ㊹ 年《ねん》□《が》はがきを出《だ》す。

□ ㊺ □《しん》学《がく》を□□《けつい》する。

□ ㊻ 王《おう》に□《つか》える。

□ ㊼ □□《かんきゃく》に□□《しゅざい》する。

□ ㊽ 時間《じかん》を□□《ちょうせい》する。

□ ㊾ □□《かんれい》地《ち》にすむ□《くま》。

□ ㊿ □《と》会《かい》に□《す》む。

□ 51 □《はな》から□《いき》を吸《す》う。

□ 52 □《じゅん》番《ばん》に□《せつ》明《めい》する。

□ 53 □《はし》の間《あいだ》の川《かわ》で□《およ》ぐ。

□ 54 □《むかし》からある□《しょう》店《てん》□《がい》。

□ 55 □《ひつじ》が□《む》れる。

□ 56 大《たい》□《りょう》の□《しお》を□《はこ》ぶ。

□ 57 □《ぎ》長《ちょう》を□《せん》出《しゅつ》する。

□ 58 □□《おきなわ》で□《はたら》く。

□ 59 □《にわ》の□《しょう》明《めい》をつける。

□ 60 □□《しょうきょ》した□□《しゃしん》。

□ 61 □□《しきてん》に□《とう》壇《だん》する。

□ 62 □《ゆう》気《き》の出《で》る言《こと》□《ば》。

□ 63 豊《ほう》□《ふ》な□□《えいよう》。

□ 64 □□《かんれん》する会社《かいしゃ》。

□ 65 □□《そつぎょう》生《せい》を□《いわ》う。

□ 66 □《くら》い□《さか》道《みち》を下《くだ》る。

▸▸▸ 答えは別冊4・5ページ

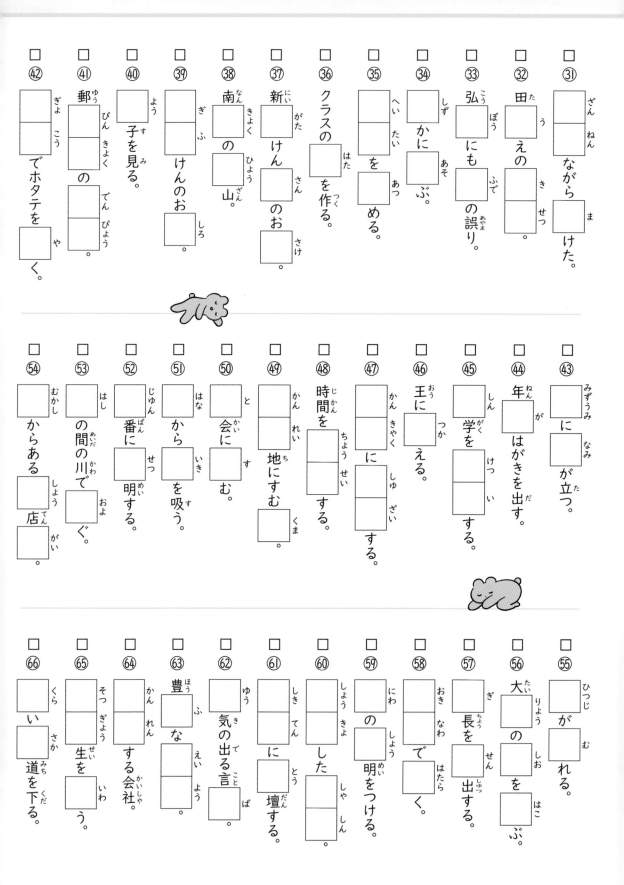

漢字力診断チェックテスト③

―小学5・6年生で習う漢字を覚えているか確かめよう―

▼□に入る漢字を書いて確かめましょう。

□ ① □□《うちゅう》の神《しん》□《ぴ》。

□ ② □《わたし》は今《いま》、食《しょく》□《よく》がない。

□ ③ □□《せすじ》を伸《の》ばす。

□ ④ □《せい》品開発《ひんかいはつ》の□□《せきにん》者《しゃ》。

□ ⑤ □□《きんむ》時間《じかん》が長《なが》い。

□ ⑥ 温《おん》□《だん》な地《ち》□《いき》。

□ ⑦ □《つま》の□《たん》生日《じょうび》。

□ ⑧ □□《さんせい》の□《えき》体《たい》。

□ ⑨ □□《そんけい》する□□《おんし》。

□ ⑩ 会社《かいしゃ》の□《かん》部《ぶ》が□□《しゃざい》する。

□ ⑪ 乗車《じょうしゃ》□《けん》を□《はい》見《けん》する。

□ ⑫ □《き》重《ちょう》な□《ざい》産《さん》。

□ ⑬ □《ちょ》作物《さくぶつ》を出《しゅっ》□《ぱん》する。

□ ⑭ 神社《じんじゃ》□□《ぶつかく》を巡《めぐ》る。

□ ⑮ □《しお》の流《なが》れが□《はげ》しい。

□ ⑯ □《えい》画《が》に□□《こうふん》する。

□ ⑰ □《そ》父《ふ》を□□《かんご》する。

□ ⑱ □《てき》の□《せい》力《りょく》が広《ひろ》がる。

□ ⑲ □□□《ひじょうしき》な□《たい》度《ど》。

□ ⑳ 明《めい》□《ろう》な□《せい》治《じ》。

□ ㉑ 学問《がくもん》を□《おさ》める。

□ ㉒ □□□《こうごうへい》下《か》の□《し》察《さつ》。

□ ㉓ 教《きょう》□《じゅ》が□《たい》官《かん》する。

□ ㉔ 角《かく》□□《ざとう》を入《い》れる。

□ ㉕ お金《かね》を□《き》付《ふ》する。

□ ㉖ □《こう》空機《くうき》の□□□《そうじゅうし》。

□ ㉗ 方《ほう》□《しん》に□《したが》う。

□ ㉘ □《よく》朝《あさ》、□□《ふくつう》がした。

□ ㉙ □《じょう》例《れい》で□□《きょよう》される。

□ ㉚ □《きび》しく□□《せいげん》する。

▶▶▶ 次のページにつづきます

学習日　月　日

□ ㉛ □《ばく》府《ふ》を□《ひ》□《はん》する。

□ ㉜ 果《か》□《じゅ》園《えん》を□《さが》す。

□ ㉝ □《のう》の手《しゅ》□《じゅつ》をする。

□ ㉞ □《らん》□《ぼう》な言葉《ことば》づかい。

□ ㉟ □《すい》理《り》小説《しょうせつ》に□《む》中《ちゅう》だ。

□ ㊱ □《ざっ》草《そう》を取《と》り□《のぞ》く。

□ ㊲ □《さつ》人《じん》□《はん》の□《きょう》中《ちゅう》。

□ ㊳ 大学《だいがく》の□《こう》□《どう》を□《せつ》計《けい》する。

□ ㊴ 生命《せいめい》が□《そん》□《ざい》する星《ほし》。

□ ㊵ □《い》に負《ふ》□《たん》がかかる薬《くすり》。

□ ㊶ □《かん》□《けつ》に□《の》べる。

□ ㊷ □《だん》体《たい》を□《ひき》いる。

□ ㊸ □《ぶ》器《き》を□《しゅう》□《のう》する。

□ ㊹ □《ぼう》□《さい》用品《ようひん》を□《そな》える。

□ ㊺ □《めん》□《みつ》な計画《けいかく》。

□ ㊻ □《ゆう》便《びん》の□《れき》□《し》。

□ ㊼ □《てき》切《せつ》な□《しょ》置《ち》。

□ ㊽ □《しっ》□《そ》な□《く》らし。

□ ㊾ □《ご》□《かい》を□《まね》く。

□ ㊿ □《はい》に□《あな》が空《あ》く病気《びょうき》。

□ 51 父《ちち》の□《こ》□《きょう》を□《さい》□《ほう》する。

□ 52 対《たい》□《さく》を□《とう》議《ぎ》する。

□ 53 □《けい》□《ぼう》を所持《しょじ》する。

□ 54 良《よ》い関係《かんけい》の□《こう》□《ちく》。

□ 55 □《しょう》軍《ぐん》が眠《ねむ》る□《はか》。

□ 56 □《りん》時《じ》で□《しょく》員《いん》になる。

□ 57 □《き》□《じゅん》となる数《すう》□《ち》。

□ 58 □《ほう》富《ふ》な□《し》□《げん》。

□ 59 □《げき》が□《ぜっ》□《さん》される。

□ 60 □《ちょう》を□《けん》□《さ》する。

□ 61 □《わす》れずに□《ちょ》金《きん》する。

□ 62 □《のう》力《りょく》を発《はっ》□《き》する。

□ 63 医者《いしゃ》が□《たまご》を□《きん》じる。

□ 64 □《よ》い行《おこな》いをする。

□ 65 □《けい》□《ざい》を□《ささ》える。

□ 66 □《てん》□《らん》会《かい》の□《ひょう》□《か》。

▸▸▸ 答えは別冊6・7ページ

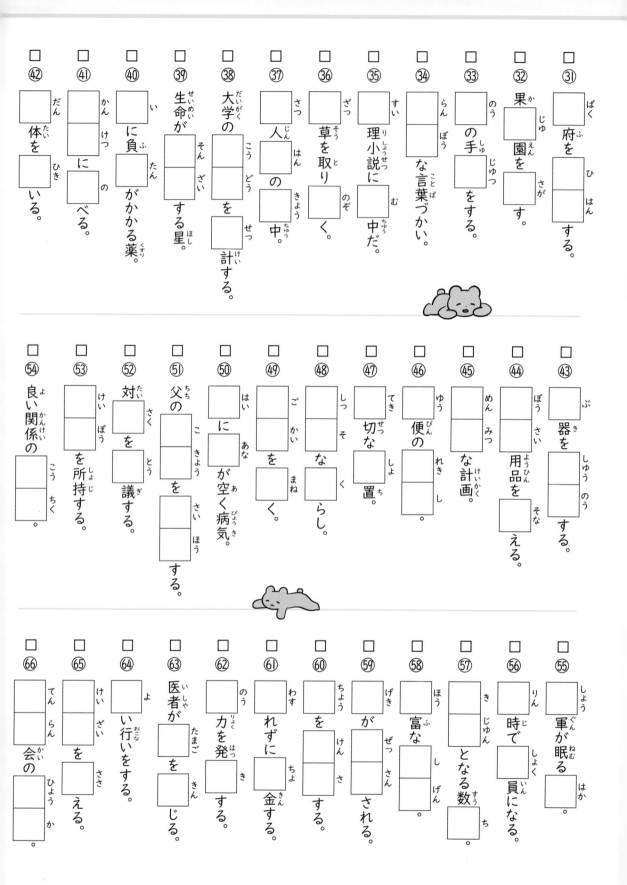

一・二年生の漢字

一年生

一右雨円王音下火花貝学気九休玉金空月犬見

五口校左三山子四糸字耳七車手十出女小上森

人水正生青夕石赤千川先早草足村大男竹中虫

町天田土二日入年白八百文木本名目立力林六

二年生

引羽雲園遠何科夏家歌画回会海絵外角楽活間

丸岩顔汽記帰弓牛魚京強教近兄形計元言原戸

古午後語工公広交光考行高黄合谷国黒今才細

作算止市矢姉思紙寺自時室社弱首秋週春書少

場色食心新親図数西声星晴切雪船線前組走多

太体台地池知茶昼長鳥朝直通弟店点電刀冬当

東答頭同道読内南肉馬売買麦半番父風分聞米

歩母方北毎妹万明鳴毛門夜野友用曜来里理話

一・二年生の漢字

読み問題スピードチェック①

▼声に出して読みましょう。

□ ① 元気な小学生。
□ ② 鳥が鳴く。
□ ③ 水曜日の七時に帰る。
□ ④ 馬が草を食べる。
□ ⑤ 川で花火をする。
□ ⑥ 妹は算数が得意《とくい》だ。
□ ⑦ 中学校の図書室。
□ ⑧ 音楽の時間に歌う。
□ ⑨ 夏に北海道へ行く。
□ ⑩ 姉は高校一年生だ。
□ ⑪ 千二百円の牛肉。
□ ⑫ 兄が青い車に乗《の》る。
□ ⑬ 絵画教室に通う。
□ ⑭ 冬の大三角。
□ ⑮ 母に電話をかける。

答え

① げんきなしょうがくせい。
② とりがなく。
③ すいようびのしちじにかえる。
④ うまがくさをたべる。
⑤ かわではなびをする。
⑥ いもうとはさんすうがとくいだ。
⑦ ちゅうがっこうのとしょしつ。
⑧ おんがくのじかんにうたう。
⑨ なつにほっかいどうへいく。
⑩ あねはこうこういちねんせいだ。
⑪ せんにひゃくえんのぎゅうにく。
⑫ あにがあおいくるまにのる。
⑬ かいがきょうしつにかよう。
⑭ ふゆのだいさんかく。
⑮ ははにでんわをかける。

□ ⑯ 七匹《ひき》の魚。
□ ⑰ 父と弟は家にいる。
□ ⑱ 朝早くに門が開《ひら》く。
□ ⑲ 親切な男の人。
□ ⑳ 西の空に星が光る。
□ ㉑ 野原を走る。
□ ㉒ 人口が少ない村。
□ ㉓ 十枚《まい》の紙を切る。
□ ㉔ 午後は本を読む。
□ ㉕ 台風で大雨が降《ふ》る。
□ ㉖ 白組と赤組。
□ ㉗ 頭と顔を洗《あら》う。
□ ㉘ 会社まで歩く。
□ ㉙ 広い公園に犬がいる。
□ ㉚ 同じ名前の女の子。

答え

⑯ しち（なな）ひきのさかな。
⑰ ちちとおとうとはいえにいる。
⑱ あさはやくにもんがひらく。
⑲ しんせつなおとこのひと。
⑳ にしのそらにほしがひかる。
㉑ のはらをはしる。
㉒ じんこうがすくないむら。
㉓ じゅうまいのかみをきる。
㉔ ごごはほんをよむ。
㉕ たいふうでおおあめがふる。
㉖ しろぐみとあかぐみ。
㉗ あたまとかおをあらう。
㉘ かいしゃまであるく。
㉙ ひろいこうえんにいぬがいる。
㉚ おなじなまえのおんなのこ。

学習日 月 日

一・二年生の漢字

読み問題スピードチェック②

▼声に出して読みましょう。

学習日　月　日

□ ① **外国**で**買**った**石**。
□ ② **森**に**黄色**い**虫**がいる。
□ ③ **鳥**の**声**で**目**が覚《さ》める。
□ ④ **九万円**で**売**る。
□ ⑤ **東京**まで**船**で**行**く。
□ ⑥ **点字**を**手**でなぞる。
□ ⑦ **何回**も**聞**いた**話**。
□ ⑧ **古**い**寺**が**多**い。
□ ⑨ **出口**の**近**くに**立**つ。
□ ⑩ **天才**と**言**われる。
□ ⑪ **正月**の**思**い**出**。
□ ⑫ **週**末《まつ》に**雪**が降《ふ》る。
□ ⑬ **理科**の**用語**を**知**る。
□ ⑭ **丸太**に**矢**が**当**たる。
□ ⑮ **交番**の**前**で**止**まる。

答え

① がいこくでかったいし。
② もりにきいろいむしがいる。
③ とりのこえでめがさめる。
④ きゅうまんえんでうる。
⑤ とうきょうまでふねでいく。
⑥ てんじをてでなぞる。
⑦ なんかいもきいたはなし。
⑧ ふるいてらがおおい。
⑨ でぐちのちかくにたつ。
⑩ てんさいといわれる。
⑪ しょうがつのおもいで。
⑫ しゅうまつにゆきがふる。
⑬ りかのようごをしる。
⑭ まるたにやがあたる。
⑮ こうばんのまえでとまる。

□ ⑯ **山**から**里**に**下**りる。
□ ⑰ **南方**から**来**る。
□ ⑱ **合計**は**四千円**だ。
□ ⑲ 針《はり》に**細**い**糸**を**通**す。
□ ⑳ **日記**を**書**こうと**思**う。
□ ㉑ **夕方**には**晴**れる。
□ ㉒ **国王**の**力**が**強**い。
□ ㉓ **水田**で**米**を育《そだ》てる。
□ ㉔ **友人**のことを**考**える。
□ ㉕ **直線**を**引**く。
□ ㉖ **竹**を**半分**に割《わ》る。
□ ㉗ **秋**には**遠足**に**行**く。
□ ㉘ **図工**の彫刻《ちょうこく》**刀**。
□ ㉙ **今夜**は**少**し**雲**がある。
□ ㉚ ここが**市**の**中心地**だ。

答え

⑯ やまからさとにおりる。
⑰ なんぽうからくる。
⑱ ごうけいはよんせんえんだ。
⑲ はりにほそいいとをとおす。
⑳ にっきをかこうとおもう。
㉑ ゆうがたにははれる。
㉒ こくおうのちからがつよい。
㉓ すいでんでこめをそだてる。
㉔ ゆうじんのことをかんがえる。
㉕ ちょくせんをひく。
㉖ たけをはんぶんにわる。
㉗ あきにはえんそくにいく。
㉘ ずこうのちょうこくとう。
㉙ こんやはすこしくもがある。
㉚ ここがしのちゅうしんちだ。

一・二年生の漢字

読み問題スピードチェック③

▼声に出して読みましょう。

□① ぼくと同じ六年生だ。
□② 町の上下水道。
□③ 先に玉入れをする。
□④ 村祭《まつ》りの会場に来る。
□⑤ 引き算の答え。
□⑥ 木曜日は店が休みだ。
□⑦ 足元の岩をどける。
□⑧ 黒い毛を切る。
□⑨ 電車で学校に通う。
□⑩ 小麦を育《そだ》てる。
□⑪ 昼間は空が明るい。
□⑫ 耳の内部《ぶ》を調《しら》べる。
□⑬ 体育館《いくかん》の戸を閉《し》める。
□⑭ おもちゃの黒い汽車。
□⑮ 金額《がく》を計算する。

答え

① ぼくとおなじろくねんせいだ。
② まちのじょうげすいどう。
③ さきにたまいれをする。
④ むらまつりのかいじょうにくる。
⑤ ひきざんのこたえ。
⑥ もくようびはみせがやすみだ。
⑦ あしもとのいわをどける。
⑧ くろいけをきる。
⑨ でんしゃでがっこうにかよう。
⑩ こむぎをそだてる。
⑪ ひるまはそらがあかるい。
⑫ みみのないぶをしらべる。
⑬ たいいくかんのとをしめる。
⑭ おもちゃのくろいきしゃ。
⑮ きんがくをけいさんする。

□⑯ 弓《きゅう》道の大会。
□⑰ 敵《てき》の弱点を見抜《ぬ》く。
□⑱ 谷川で深呼吸《しんこきゅう》をする。
□⑲ 秋分の日。
□⑳ 新しい土地に住《す》む。
□㉑ 左右を見て道を渡《わた》る。
□㉒ 長い作文を書く。
□㉓ 春には虫が動《うご》き出す。
□㉔ 手首と足首を回す。
□㉕ 毛が茶色い犬。
□㉖ 八百円の買い物《もの》。
□㉗ 文字を入力する。
□㉘ 毎朝、新聞を読む。
□㉙ 先頭に立つ。
□㉚ 昼食をとる。

答え

⑯ きゅうどうのたいかい。
⑰ てきのじゃくてんをみぬく。
⑱ たにがわでしんこきゅうをする。
⑲ しゅうぶんのひ。
⑳ あたらしいとちにすむ。
㉑ さゆうをみてみちをわたる。
㉒ ながいさくぶんをかく。
㉓ はるにはむしがうごきだす。
㉔ てくびとあしくびをまわす。
㉕ けがちゃいろいいぬ。
㉖ はっぴゃくえんのかいもの。
㉗ もじをにゅうりょくする。
㉘ まいあさ、しんぶんをよむ。
㉙ せんとうにたつ。
㉚ ちゅうしょくをとる。

学習日
月
日

一・二年生の漢字

読み問題スピードチェック④

▼声に出して読みましょう。

□①夏休みが楽しみだ。
□②二年四組の先生。
□③姉とお茶を飲《の》む。
□④車を一台買う。
□⑤高い山の上。
□⑥一石二鳥。
□⑦午前六時に起《お》きる。
□⑧親友と公園で話す。
□⑨二千人が入場する。
□⑩五円玉を貯《た》める。
□⑪西から強風が吹《ふ》く。
□⑫声のきれいな歌手。
□⑬黒毛の馬に乗《の》る。
□⑭美《うつく》しい月夜。
□⑮本日は晴天なり。

答え

①なつやすみがたのしみだ。
②にねんよんくみのせんせい。
③あねとおちゃをのむ。
④くるまをいちだいかう。
⑤たかいやまのうえ。
⑥いっせきにちょう。
⑦ごぜんろくじにおきる。
⑧しんゆうとこうえんではなす。
⑨にせんにんがにゅうじょうする。
⑩ごえんだまをためる。
⑪にしからきょうふうがふく。
⑫こえのきれいなかしゅ。
⑬くろげのうまにのる。
⑭うつくしいつきよ。
⑮ほんじつはせいてんなり。

□⑯日本刀について語る。
□⑰一番好《す》きな色は青だ。
□⑱本当の気持《も》ちを聞く。
□⑲黄色い絵の具《ぐ》でぬる。
□⑳原稿《こう》用紙に書く。
□㉑弱肉強食の世界《せかい》。
□㉒夜に活動《どう》する虫。
□㉓明朝、家に帰る。
□㉔弓の名人に会う。
□㉕近くの店で肉を買う。
□㉖電線に鳥が止まる。
□㉗一から百までの数字。
□㉘右目だけが赤い。
□㉙答えを記入する。
□㉚自分の頭で考える。

答え

⑯にほんとうについてかたる。
⑰いちばんすきないろはあおだ。
⑱ほんとうのきもちをきく。
⑲きいろいえのぐでぬる。
⑳げんこうようしにかく。
㉑じゃくにくきょうしょくのせかい。
㉒よるにかつどうするむし。
㉓みょうちょう、いえにかえる。
㉔ゆみのめいじんにあう。
㉕ちかくのみせでにくをかう。
㉖でんせんにとりがとまる。
㉗いちからひゃくまでのすうじ。
㉘みぎめだけがあかい。
㉙こたえをきにゅうする。
㉚じぶんのあたまでかんがえる。

学習日　月　日

一・二年生の漢字

読み問題スピードチェック⑤

▼声に出して読みましょう。

□ ① 町内の広場に集《つど》う。
□ ② 熱帯《ねったい》雨林にいる鳥。
□ ③ 米国の外交官《かん》。
□ ④ 一番星を見つける。
□ ⑤ 教室の後方の席《せき》。
□ ⑥ 船長が前に立つ。
□ ⑦ 山から岩石が落《お》ちる。
□ ⑧ 知人と社寺を巡《めぐ》る。
□ ⑨ 汽車が走行する。
□ ⑩ 社会科学を学ぶ。
□ ⑪ 新しい分野の研究《けんきゅう》。
□ ⑫ 赤い朝顔が咲《さ》く。
□ ⑬ 体力テストをする。
□ ⑭ 青春時代《だい》を楽しむ。
□ ⑮ 遠回しに言う。

答え

① ちょうないのひろばにつどう。
② ねったいうりんにいるとり。
③ べいこくのがいこうかん。
④ いちばんぼしをみつける。
⑤ きょうしつのこうほうのせき。
⑥ せんちょうがまえにたつ。
⑦ やまからがんせきがおちる。
⑧ ちじんとしゃじをめぐる。
⑨ きしゃがそうこうする。
⑩ しゃかいかがくをまなぶ。
⑪ あたらしいぶんやのけんきゅう。
⑫ あかいあさがおがさく。
⑬ たいりょくテストをする。
⑭ せいしゅんじだいをたのしむ。
⑮ とおまわしにいう。

□ ⑯ 線が直角に交わる。
□ ⑰ 入道雲が浮《う》かぶ。
□ ⑱ 馬は草食動物《どうぶつ》だ。
□ ⑲ 円形の劇《げき》場。
□ ⑳ 毎朝、麦茶を飲《の》む。
□ ㉑ 画数の多い漢《かん》字。
□ ㉒ 雨天の場合は中止だ。
□ ㉓ 工場見学に行く。
□ ㉔ 東から吹《ふ》く春風。
□ ㉕ 今週の当番になる。
□ ㉖ 電池を三本使《つか》う。
□ ㉗ 森林の散《さん》歩は楽しい。
□ ㉘ のどかな田園風景《けい》。
□ ㉙ 多数決《けつ》をとる。
□ ㉚ 東北地方で生まれる。

答え

⑯ せんがちょっかくにまじわる。
⑰ にゅうどうぐもがうかぶ。
⑱ うまはそうしょくどうぶつだ。
⑲ えんけいのげきじょう。
⑳ まいあさ、むぎちゃをのむ。
㉑ かくすうのおおいかんじ。
㉒ うてんのばあいはちゅうしだ。
㉓ こうじょうけんがくにいく。
㉔ ひがしからふくはるかぜ。（しゅんぷう）
㉕ こんしゅうのとうばんになる。
㉖ でんちをさんぼんつかう。
㉗ しんりんのさんぽはたのしい。
㉘ のどかなでんえんふうけい。
㉙ たすうけつをとる。
㉚ とうほくちほうでうまれる。

学習日
月
日

一・二年生の漢字

読み問題スピードチェック⑥

▼声に出して読みましょう。

□ ① **書店**の**売上高**。
□ ② 料理《りょう》の**入門書**。
□ ③ **山**の**上**に集《しゅう》**合**する。
□ ④ **方言**で**会話**をする。
□ ⑤ **一光年**離《はな》れた**星**。
□ ⑥ **父**からの**多大**な期待《きたい》。
□ ⑦ **生活科**の授業《じゅぎょう》。
□ ⑧ **金色**の宝《ほう》**石**。
□ ⑨ **牛**の**鳴**く**声**。
□ ⑩ **点線**に沿《そ》って**切**る。
□ ⑪ **丸**い**雪**の**玉**を**作**る。
□ ⑫ **音**の**強弱**をつける。
□ ⑬ **竹**で**細工**をする。
□ ⑭ **四国地方**の祭《まつ》り。
□ ⑮ **早朝**に**体**操《そう》をする。

答え

① しょてんのうりあげだか。
② りょうりのにゅうもんしょ。
③ やまのうえにしゅうごうする。
④ ほうげんでかいわをする。
⑤ いち（いっ）こうねんはなれたほし。
⑥ ちちからのただいなきたい。
⑦ せいかつかのじゅぎょう。
⑧ きんいろのほうせき。
⑨ うしのなくこえ。
⑩ てんせんにそってきる。
⑪ まるいゆきのたまをつくる。
⑫ おとのきょうじゃくをつける。
⑬ たけでさいくをする。
⑭ しこくちほうのまつり。
⑮ そうちょうにたいそうをする。

□ ⑯ **海**で**魚**や**貝**をとる。
□ ⑰ **引力**に逆《さか》らう。
□ ⑱ **戸外**で**走**り**回**る。
□ ⑲ **矢**印《じるし》の向《む》き。
□ ⑳ **火山**の**近**くを**通**る。
□ ㉑ **十人十色**。
□ ㉒ **里山**に鹿《しか》が**出**る。
□ ㉓ くじゃくの**羽**。
□ ㉔ **足元**に**気**を付《つ》ける。
□ ㉕ **今夜**は**星**がきれいだ。
□ ㉖ **自家用車**を**二台買**う。
□ ㉗ **道半**ばで**引**き返《かえ》す。
□ ㉘ **兄弟**と姉妹《しまい》。
□ ㉙ **少年少女**が**歌**う。
□ ㉚ **細長**い**紙**を折《お》る。

答え

⑯ うみでさかなやかいをとる。
⑰ いんりょくにさからう。
⑱ こがいではしりまわる。
⑲ やじるしのむき。
⑳ かざんのちかくをとおる。
㉑ じゅうにんといろ。
㉒ さとやまにしかがでる。
㉓ くじゃくのはね。
㉔ あしもとにきをつける。
㉕ こんやはほしがきれいだ。
㉖ じかようしゃをにだいかう。
㉗ みちなかばでひきかえす。
㉘ きょうだいとしまい。
㉙ しょうねんしょうじょがうたう。
㉚ ほそながいかみをおる。

学習日
月
日

一・二年生の漢字

書き問題スピードチェック①

▼□にあてはまる漢字を書きましょう。〔　〕は送りがなも書きましょう。

学習日　月　日

□ ① □《ひと》粒《つぶ》の種《たね》を□《つち》に埋《う》める。

□ ② □□《さゆう》を□《み》て□《みち》を渡《わた》る。

□ ③ □《あま》宿《やど》りをする。

□ ④ 地球《ちきゅう》は〔　〕《まるい》。

□ ⑤ □《おう》様《さま》の□《りっ》派《ぱ》なお城《しろ》。

□ ⑥ 美《うつく》しい□□《ねいろ》が〔　〕《きこえる》。

□ ⑦ □《ふね》が□《かわ》を〔　〕《くだる》。

□ ⑧ □□《こんしゅう》は□《あめ》が〔　〕《おおい》。

□ ⑨ □《とり》が□《な》き、□《は》ばたく。

□ ⑩ □《ちち》と□□《がいこく》へ□《い》く。

□ ⑪ □《あか》ちゃんが□□《てあし》を動《うご》かす。

□ ⑫ □□《せいてん》に恵《めぐ》まれる。

□ ⑬ □□□□《じゅうにんといろ》の服装《ふくそう》。

□ ⑭ 好《す》きな□《かたち》の□《く》み〔　〕《あわせ》。

□ ⑮ □□《めさき》の利益《りえき》を重《おも》んじる。

□ ⑯ □《こう》事《じ》現《げん》□《ば》では□□《ずじょう》に注意《ちゅうい》する。

□ ⑰ □□□□《でんこうせっか》のはやわざ。

□ ⑱ □□□□《にせんねんまえ》のできごと。

□ ⑲ □□《ちくりん》に囲《かこ》まれた□《てら》。

□ ⑳ □□《ふうせん》が□《そら》に浮《う》かぶ。

▸▸▸ 答えは別冊8ページ

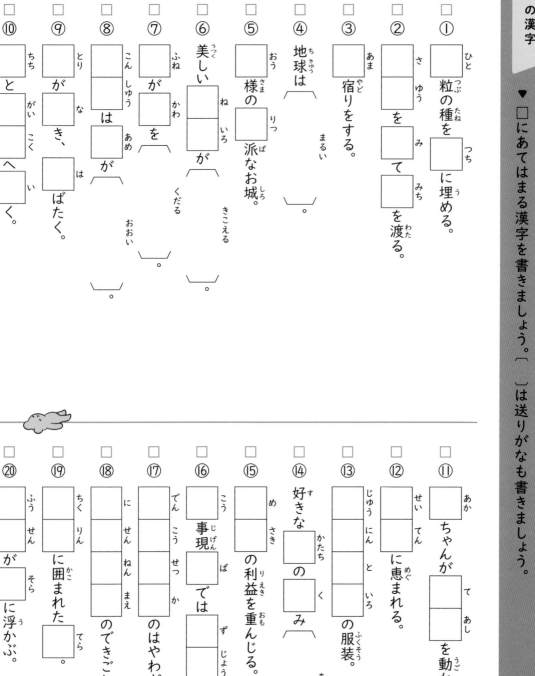

一・二年生の漢字

書き問題スピードチェック②

▼□にあてはまる漢字を書きましょう。〔　〕は送りがなも書きましょう。

□ ①□□《こんや》は□《つき》が〔　　〕《あかるい》。

□ ②□《はは》に□□《てがみ》を□《か》く。

□ ③□《いえ》の□□《どだい》を〔　　〕《つくる》。

□ ④□《あね》が□□《たいせつ》にしている□《か》壇《だん》。

□ ⑤□□□《でんしゃない》は混雑《こんざつ》している。

□ ⑥□□《だいがく》で□□□《しんりがく》を研究《けんきゅう》する。

□ ⑦□□《こうばん》で□《みち》を□《き》く。

□ ⑧□□□□《ごがくがっこう》に〔　　〕《かよう》。

□ ⑨おいしい□□《ぎゅうにく》を〔　　〕《たべる》。

□ ⑩□《ふゆ》にストーブを□□《てんか》する。

□ ⑪□□《こうじょう》を□□《けんがく》する。

□ ⑫□□《ゆうがた》までには〔　　〕《かえる》。

□ ⑬□□□《りかしつ》の□□《じんたい》模《も》型《けい》。

□ ⑭□《あに》に□□《さんすう》を〔　　〕《おそわる》。

□ ⑮〔　　〕《おおきい》□《こえ》で〔　　〕《うたう》。

□ ⑯□□□《すいようび》に□□《こうえん》に□《い》く。

□ ⑰□□□《いとでんわ》で□□《かいわ》する。

□ ⑱望《ぼう》□《えん》鏡《きょう》で□□《どせい》の輪《わ》を□《み》る。

□ ⑲□□《こうち》県《けん》では□□《かわざかな》がとれる。

□ ⑳□□《ほんしゃ》は□□《とうきょう》都《と》にある。

学習日　月　日

▸▸▸ 答えは別冊8ページ

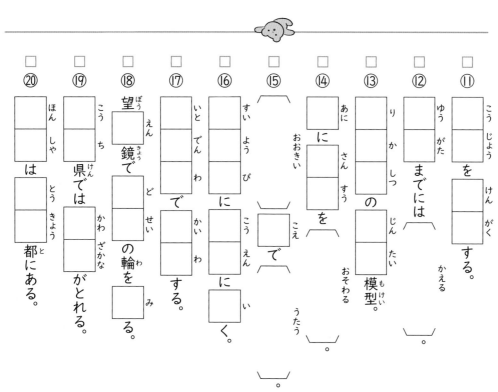

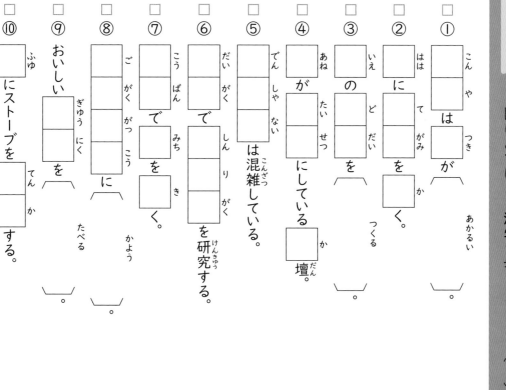

一・二年生の漢字

書き問題スピードチェック③

▼□にあてはまる漢字を書きましょう。〔　〕は送りがなも書きましょう。

学習日　月　日

□ ① その□□《かいが》は□□《めいさく》だ。

□ ② □《くろ》くて〔　〕《ながい》□《け》の□《いぬ》。

□ ③ □《むら》が□□《かっき》を取《と》り戻《もど》した。

□ ④ □□《ぎゅうにく》を□□《つよび》で焼《や》く。

□ ⑤ □《いもうと》が□□《もくば》で遊《あそ》ぶ。

□ ⑥ □《にし》へ向《む》かう□□《きしゃ》。

□ ⑦ □《なつ》は□□《すいぶん》補給《ほきゅう》が重要《じゅうよう》だ。

□ ⑧ □《おとうと》の□《きゅう》歳《さい》の誕《たん》□□《じょうび》。

□ ⑨ □□《りか》の問題《もんだい》の〔　〕《こたえ》。

□ ⑩ □□□《こうらくち》に〔　〕《でかける》。

□ ⑪ □□□《べいこくたい》使館《しかん》。

□ ⑫ □《ちち》は□□《かおいろ》が良《よ》い。

□ ⑬ 勉《べん》□《きょう》の□□《けいかく》を〔　〕《たてる》。

□ ⑭ □□□《ひやくえんだま》と〔　〕《おなじ》重《おも》さ。

□ ⑮ 熱《あつ》い□□□《にほんちゃ》を飲《の》む。

□ ⑯ □□《じぶん》で□□《なんかい》も〔　〕《かんがえる》。

□ ⑰ □□《しんせつ》な□《おんな》の□《こ》。

□ ⑱ □□□《はちまんえん》で□《か》った宝《ほう》□《せき》。

□ ⑲ □□《ごくみ》の□□《だんじょ》が□《はし》る。

□ ⑳ コピー□□《ようし》を□□《さんかく》に折《お》る。

▸▸▸ 答えは別冊8ページ

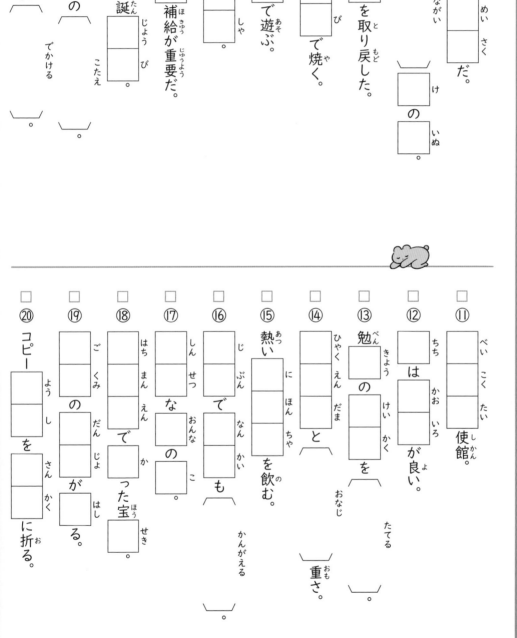

一・二年生の漢字 書き問題スピードチェック④

▼□にあてはまる漢字を書きましょう。〔　〕は送りがなも書きましょう。

□① □□《おうごん》を□《て》に〔いれる〕。

□② □□《はくせん》の□《うち》側《がわ》に〔さがる〕。

□③ □□《のはら》に□《ゆき》が積《つ》もる。

□④ □□□□《しょうねんしょうじょ》の夢《ゆめ》がかなう。

□⑤ 試《し》□《あい》の□□《こうはん》に□□《しゅつじょう》する。

□⑥ □□《そうちょう》、□《いけ》の□《さかな》に餌《えさ》をやる。

□⑦ □《おも》わず□□《よわね》を吐《は》く。

□⑧ □□《まいあさ》、□□《はくまい》を炊《た》く。

□⑨ □□□《よじかん》かけて〔あるく〕。

□⑩ □《やま》から□《うみ》までは〔とおい〕。

□⑪ 〔あたらしい〕□□《ちょうちょう》が決《き》まる。

□⑫ 〔ふるい〕□《ほん》を□《よ》む。

□⑬ □□《ゆうじん》に□□《あいず》を送《おく》る。

□⑭ □□《りっしゅん》が過《す》ぎても□《かぜ》は冷《つめ》たい。

□⑮ □□《おおむぎ》を□《げん》料《りょう》とする□《しょく》品《ひん》。

□⑯ □《あき》になると□《な》く□《むし》。

□⑰ □□《ななくさ》がゆを〔たべる〕□《ふう》習《しゅう》。

□⑱ □□《ばいてん》で□《ほん》を□《か》う。

□⑲ □□《こうもん》までは〔ちかい〕。

□⑳ ガソリンは□□《いんか》しやすい。

学習日
月
日

答えは別冊8ページ

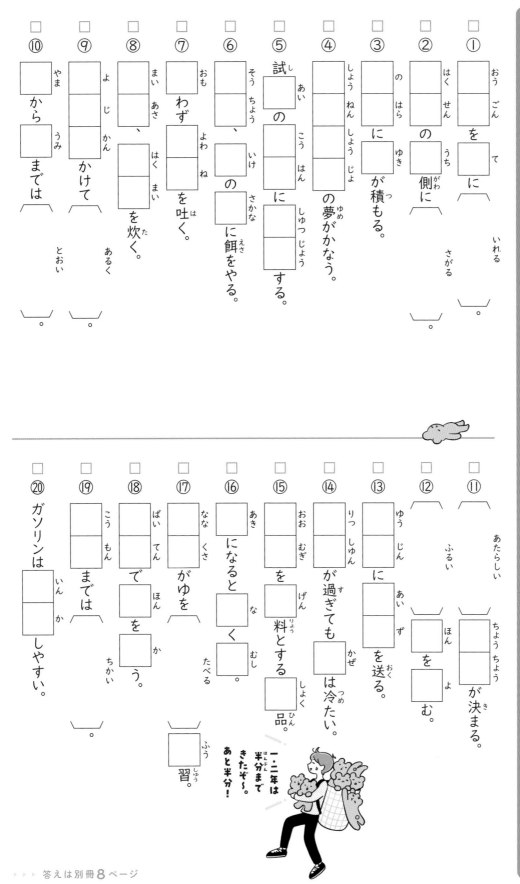

一・二年生の漢字

書き問題スピードチェック⑤

▼□にあてはまる漢字を書きましょう。〔　〕は送りがなも書きましょう。

□ ① 壊《こわ》れた□□《とけい》を〔　〕《なおす》。

□ ② 〔　〕《ひろい》□《こう》庭《てい》で〔　〕《はしる》。

□ ③ □《ひがし》の□□《じょうくう》にある□□《あまぐも》。

□ ④ □□《がいこく》の□□《げんご》を□《まな》ぶ。

□ ⑤ アメリカの□□《かしゅ》が□□《らいにち》する。

□ ⑥ 戦《たたか》いに敗《はい》□《ぼく》する。

□ ⑦ □□□《ごぜんちゅう》は□《いえ》で勉強《べんきょう》する。

□ ⑧ □《うみ》に潜《もぐ》って〔　〕《あおい》□《かい》を拾《ひろ》う。

□ ⑨ 駅《えき》の□□《みなみぐち》にあるビル。

□ ⑩ □□《しんりん》のさわやかな□□《くうき》。

□ ⑪ 美《うつく》しい□□《もじ》を□《か》く。

□ ⑫ 〔　〕《ほそい》枝《えだ》が□《かぜ》に揺《ゆ》れる。

□ ⑬ □□《こっか》の□□《げんしゅ》になる。

□ ⑭ 〔　〕《ひかる》□《みみ》飾《かざ》りをつける。

□ ⑮ あと□□《ごふん》で□《ひる》〔　〕《やすみ》だ。

□ ⑯ 〔　〕《ふとい》□《かたな》を振《ふ》る。

□ ⑰ □《はる》に□《た》植《う》えをする。

□ ⑱ □□《しょうご》から始《はじ》まる□□《ばんぐみ》。

□ ⑲ □□□《ろくじはん》に起《お》きる。

□ ⑳ 〔　〕《ちいさい》□《たま》を集《あつ》める。

学習日　月　日

答えは別冊8ページ

一・二年生の漢字

書き問題スピードチェック⑥

▼□にあてはまる漢字を書きましょう。〔　〕は送りがなも書きましょう。

□ ① ゴールの□《まえ》でボールを〔　〕《とめる》。

□ ② □□《しない》にある□《もり》には熊《くま》がいる。

□ ③ □《と》棚《だな》に〔　〕《しろい》皿《さら》をしまう。

□ ④ □□《せいとう》な権利《けんり》がある。

□ ⑤ □□《むらざと》での暮《く》らし。

□ ⑥ 〔　〕《たかい》ビルの□□《たにま》。

□ ⑦ □□《がんせき》を持《も》ち〔　〕《あげる》。

□ ⑧ 〔　〕《つよい》□《ちから》で□《ゆみ》を□《ひ》く。

□ ⑨ □□《おんがく》に〔　〕《したしむ》。

□ ⑩ 動物《どうぶつ》□《えん》に□《うま》が□□《ごとう》いる。

□ ⑪ □□□《いちねんせい》に〔　〕《おしえる》。

□ ⑫ 使《つか》い終《お》わった□□《でんち》を捨《す》てる。

□ ⑬ □□《みぎあし》で□□《まるいし》を蹴《け》る。

□ ⑭ □□《きょうりょく》な選《せん》□《しゅ》がチームに〔　〕《はいる》。

□ ⑮ □□《どうじ》に□《こえ》を□《だ》す。

□ ⑯ □□《なんごく》の□《うみ》で泳《およ》ぐ。

□ ⑰ □□《しょうじき》に□《い》う。

□ ⑱ □《ふゆ》は湖《みずうみ》に□□《はくちょう》が□《く》る。

□ ⑲ □《あさ》からよく〔　〕《はれる》。

□ ⑳ 〔　〕《ただしく》□□《じかん》を〔　〕《はかる》。

学習日
月
日

答えは別冊8・9ページ

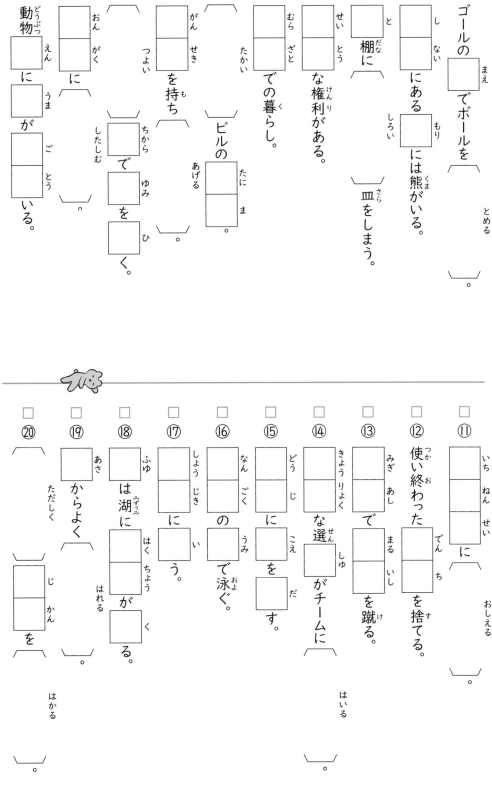

一・二年生の漢字

書き問題スピードチェック⑦

▼□にあてはまる漢字を書きましょう。〔　〕は送りがなも書きましょう。

① 〔ほそい〕□《いと》を針穴《はりあな》に〔とおす〕。

② □□《あきた》県《けん》は□□《いわて》県《けん》の□《にし》にある。

③ □□□《あおもりし》のりんご。

④ □□《いしかわ》県《けん》にある美術館《びじゅつかん》。

⑤ □□《やまぐち》県《けん》には□《し》然《ぜん》が〔おおい〕。

⑥ □□《やまがた》県《けん》まで□□《でんしゃ》で□《い》く。

⑦ □□□《ほっかいどう》でスキーをする。

⑧ できごとを□□《にっき》に〔しるす〕。

⑨ □□《さんすう》の問題《もんだい》と〔こたえ〕。

⑩ □□□《きょうかしょ》を□《よ》む。

⑪ □《かお》が似《に》ている□□《おやこ》。

⑫ □《あたま》を〔さげる〕。

⑬ テレビで□□《ごご》の□□《てんき》を□《し》る。

⑭ グラウンドに□《くさ》が〔はえる〕。

⑮ □□《とうじ》は□□□《ちゅうがくせい》だった。

⑯ □□《のはら》を〔とおる〕と□□《ちかみち》だ。

⑰ □□《きいろ》と□《くろ》の組《く》み合《あ》わせ。

⑱ □□□《せきがいせん》は医療《いりょう》に役《やく》□《だ》つ。

⑲ □□《からて》の□□《てんさい》。

⑳ □《こう》陰《いん》□《や》のごとし。

学習日　月　日

答えは別冊9ページ

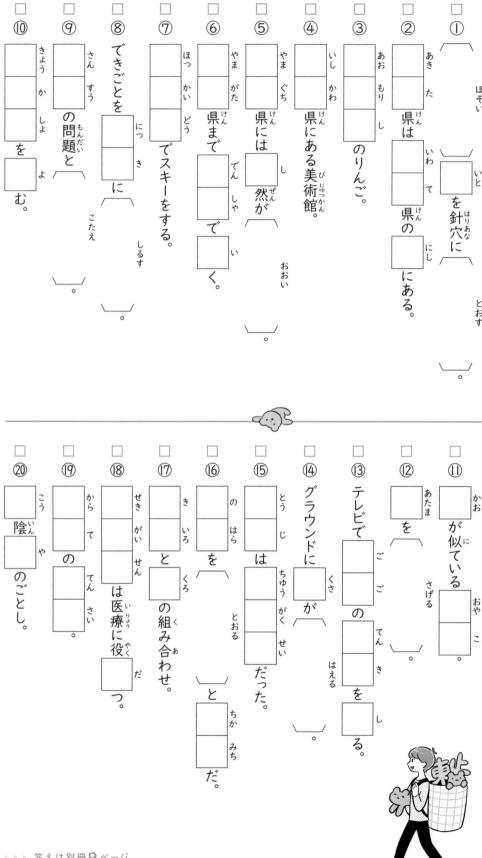

書き順や字形の問題

学習日　月　日

1 ▼書き順の正しい方に○を書きましょう。

□ ① 右
ア（　）ノ ナ 𠂇 右 右
イ（　）一 ナ 𠂇 右 右

□ ② 左
ア（　）ノ ナ 𠂇 左 左
イ（　）一 ナ 𠂇 左 左

□ ③ 丸
ア（　）ノ 九 丸
イ（　）乙 九 丸

2 ▼赤い部分は何画目に書きますか。□に数字を書きましょう。

□ ① 玉 □
□ ② 火 □
□ ③ 女 □
□ ④ 引 □
□ ⑤ 考 □
□ ⑥ 当 □

3 ▼正しい字に○を書きましょう。

□ ① あめ　ア（　）雨　イ（　）雨
□ ② とり　ア（　）鳥　イ（　）鳥
□ ③ ひだり　ア（　）左　イ（　）右
□ ④ みせ　ア（　）店　イ（　）店
□ ⑤ ち　ア（　）知　イ（　）知
□ ⑥ はん　ア（　）羊　イ（　）半

4 ▼●にかくれている部分を□に書きましょう。

（例）き　→ メ
□ ① うみ　□
□ ② こえ　□
□ ③ みなみ　□
□ ④ おとこ　□
□ ⑤ くみ　□

▸▸▸ 答えは別冊9ページ

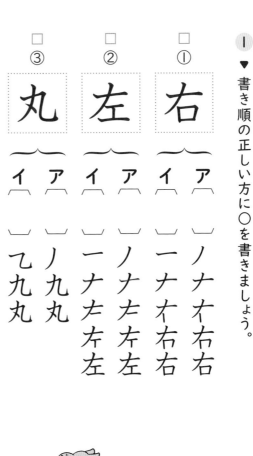

一・二年生の漢字

最終チェック問題①

1 次の文章を読んで、——の漢字の読みがなを書きましょう。

①先週の②日曜日、③朝から④晴れていたので、家族《かぞく》⑤四人で⑥遠くの⑦公園まで⑧歩いて⑨行きました。⑩楽しかったです。

□①（　　）　□②（　　）
□③（　　）　□④（　　）
□⑤（　　）　□⑥（　　）
□⑦（　　）　□⑧（　　）
□⑨（　　）　□⑩（　　）

2 □には同じ部分をもつ漢字が入ります。□に漢字を書きましょう。

□① □《ちか》□《みち》を□《とお》る。

□② □《ほそ》い□《いと》を□《く》み合《あ》わせてひもをつくる。

□③ □《はな》が咲《さ》く。　□《ちゃ》色《いろ》い□《くさ》。

□④ □《からだ》を□《やす》める。　工《こう》□《さく》。

□⑤ □《いけ》の魚《さかな》。　□《うみ》辺《べ》でせい□《かつ》する。

学習日
月
日

答えは別冊9ページ

3

次の文章を読んで、――の言葉を漢字に直しましょう。

ぼくの①いもうとは、ピアノが好《す》きだ。②せんじつも、③おんがくの④せんせいに⑤じょうずだと言《い》われたらしい。⑥まいにち、「いつかピアノの全《ぜん》⑦こくたいかいに⑧しゅつじょうしたい」という⑨はなしを⑩ははとしている。

□ ①［　　］　□ ②［　　］

□ ③［　　］　□ ④［　　］

□ ⑤［　　］　□ ⑥［　　］

□ ⑦［　　］　□ ⑧［　　］

□ ⑨［　　］　□ ⑩［　　］

4

□には同じ読みの漢字が入ります。□に漢字を書きましょう。

□ ① 市《し》□《ちょう》はいつも早《そう》□《ちょう》に散《さん》歩《ぽ》する。

□ ② 五《ご》百《ひゃく》□《えん》分《ぶん》のおかしを持《も》って、□《えん》長《ちょう》せんせいといっしょに□《えん》足《そく》に行《い》く。

□ ③ かい□《しゃ》まで、電《でん》□《しゃ》に乗《の》る。

□ ④ □《とう》案《あん》用《よう》紙《し》を配《くば》る□《とう》番《ばん》のせい徒《と》が、列《れつ》のせん□《とう》に立《た》つ。

答えは別冊9ページ

三年生の漢字

□ □ □ □ □ □ □ □ □ □ □ □ □ □ □ □
屋 横 央 駅 泳 運 飲 院 員 育 意 委 医 暗 安 悪

□ □ □ □ □ □ □ □ □ □ □ □ □ □ □ □
急 究 客 期 起 岸 館 漢 感 寒 階 開 界 荷 化 温

□ □ □ □ □ □ □ □ □ □ □ □ □ □ □ □
血 軽 係 君 具 苦 区 銀 局 曲 業 橋 去 球 宮 級

□ □ □ □ □ □ □ □ □ □ □ □ □ □ □ □
始 使 死 仕 皿 祭 根 号 港 幸 向 湖 庫 県 研 決

□ □ □ □ □ □ □ □ □ □ □ □ □ □ □ □
州 受 酒 取 守 主 者 写 実 式 持 事 次 詩 歯 指

□ □ □ □ □ □ □ □ □ □ □ □ □ □ □ □
乗 勝 章 商 消 昭 助 暑 所 宿 重 住 集 習 終 拾

□ □ □ □ □ □ □ □ □ □ □ □ □ □ □ □
速 息 想 送 相 全 昔 整 世 進 深 真 神 身 申 植

□ □ □ □ □ □ □ □ □ □ □ □ □ □ □ □
帳 丁 柱 注 着 談 短 炭 題 第 代 待 対 打 他 族

□ □ □ □ □ □ □ □ □ □ □ □ □ □ □ □
動 等 登 湯 島 豆 投 度 都 転 鉄 笛 庭 定 追 調

□ □ □ □ □ □ □ □ □ □ □ □ □ □ □ □
筆 鼻 美 悲 皮 板 坂 反 発 畑 箱 倍 配 波 農 童

□ □ □ □ □ □ □ □ □ □ □ □ □ □ □ □
命 味 放 勉 返 平 物 福 服 部 負 品 病 秒 表 氷

□ □ □ □ □ □ □ □ □ □ □ □ □ □ □ □
流 落 様 陽 葉 洋 羊 予 遊 有 油 由 薬 役 問 面

□ □ □ □ □ □ □ □
和 路 練 列 礼 緑 両 旅

三年生の漢字

読み問題スピードチェック①

▼声に出して読みましょう。

- □ ①**歯医者**に通《かよ》う。
- □ ②公園《こうえん》の**遊具**。
- □ ③国語《こくご》の**宿題**をする。
- □ ④**世界**で最《もっと》も**暑**い国《くに》。
- □ ⑤**委員**会《かい》に出席《しゅっせき》する。
- □ ⑥**注意**して**箱**を**運**ぶ。
- □ ⑦**事実**だけを読《よ》み**取**る。
- □ ⑧**温度**が上《あ》がる。
- □ ⑨ついに**決勝**に**進**む。
- □ ⑩**植物**を**育**てる。
- □ ⑪**幸福**を**感**じる。
- □ ⑫**部品**が足《た》りない。
- □ ⑬試合《しあい》を**開始**する。
- □ ⑭夕方《ゆうがた》には**仕事**が**終**わる。
- □ ⑮算数《さんすう》の**予習**をする。

答え

①はいしゃにかよう。
②こうえんのゆうぐ。
③こくごのしゅくだいをする。
④せかいでもっともあついくに。
⑤いいんかいにしゅっせきする。
⑥ちゅういしてはこをはこぶ。
⑦じじつだけをよみとる。
⑧おんどがあがる。
⑨ついにけっしょうにすすむ。
⑩しょくぶつをそだてる。
⑪こうふくをかんじる。
⑫ぶひんがたりない。
⑬しあいをかいしする。
⑭ゆうがたにはしごとがおわる。
⑮さんすうのよしゅうをする。

- □ ⑯**有**名人《めいじん》と**対談**する。
- □ ⑰手紙《てがみ》に**住所**を書《か》く。
- □ ⑱**表面**にひびが入《はい》る。
- □ ⑲隣《となり》の家《いえ》の**荷物**。
- □ ⑳ピアノの**練習**。
- □ ㉑**昭和**時《じ》**代**の**始**まり。
- □ ㉒祖《そ》父《ふ》が**急死**した。
- □ ㉓**動物**を飼《か》う。
- □ ㉔トラックが**横転**する。
- □ ㉕**反対**の意見《けん》。
- □ ㉖膝《ひざ》から**流血**する。
- □ ㉗**農業**を営《いとな》む。
- □ ㉘胃《い》で**消化**する。
- □ ㉙**反発**を招《まね》いた**発**言《げん》。
- □ ㉚時間《じかん》を**調整**する。

答え

⑯ゆうめいじんとたいだんする。
⑰てがみにじゅうしょをかく。
⑱ひょうめんにひびがはいる。
⑲となりのいえのにもつ。
⑳ピアノのれんしゅう。
㉑しょうわじだいのはじまり。
㉒そふがきゅうしした。
㉓どうぶつをかう。
㉔トラックがおうてんする。
㉕はんたいのいけん。
㉖ひざからりゅうけつする。
㉗のうぎょうをいとなむ。
㉘いでしょうかする。
㉙はんぱつをまねいたはつげん。
㉚じかんをちょうせいする。

学習日　月　日

三年生の漢字

読み問題スピードチェック②

▼声に出して読みましょう。

□ ① **真実**が明《あき》らかになる。
□ ② 学校《がっこう》を**開放**する。
□ ③ 体《たい》**調**は**安定**している。
□ ④ **薬品**の**研究**。
□ ⑤ **鉄橋**を渡《わた》る**列**車《しゃ》。
□ ⑥ よい**返事**を**期待**する。
□ ⑦ 理《り》科《か》の**問題**を解《と》く。
□ ⑧ **軽**い**荷物**を**持**つ。
□ ⑨ **豆**腐《ふ》を二《に》**丁**買《か》う。
□ ⑩ 四《よ》人《にん》で**平等**に分《わ》ける。
□ ⑪ 工《こう》**事**は**安全第**一《いち》。
□ ⑫ **急**に**鼻血**が出《で》た。
□ ⑬ 車《くるま》を**所有**する。
□ ⑭ きれいに**整列**する。
□ ⑮ **薬局**で包帯《ほうたい》を買《か》う。

答え

① しんじつがあきらかになる。
② がっこうをかいほうする。
③ たいちょうはあんていしている。
④ やくひんのけんきゅう。
⑤ てっきょうをわたるれっしゃ。
⑥ よいへんじをきたいする。
⑦ りかのもんだいをとく。
⑧ かるいにもつをもつ。
⑨ とうふをにちょうかう。
⑩ よにんでびょうどうにわける。
⑪ こうじはあんぜんだいいち。
⑫ きゅうにはなぢがでた。
⑬ くるまをしょゆうする。
⑭ きれいにせいれつする。
⑮ やっきょくでほうたいをかう。

□ ⑯ 赤《あか》い**筆箱**。
□ ⑰ 会社《かいしゃ》の**重役**。
□ ⑱ **詩**を読《よ》んで**感動**した。
□ ⑲ **平和**を願《ねが》う。
□ ⑳ ラジオを**放送**する。
□ ㉑ 優《やさ》しい心《こころ》を**育**む。
□ ㉒ **登**場人《じょうじん》**物**の気《き》**持**ち。
□ ㉓ 友人《ゆうじん》に**相談**する。
□ ㉔ 水《すい》**族館**の見学《けんがく》。
□ ㉕ **速度**を**落**とす。
□ ㉖ **区役所**の窓口《まどぐち》。
□ ㉗ **予定**を変更《へんこう》する。
□ ㉘ 電《でん》**球**を**取**り替《か》える。
□ ㉙ 劇《げき》で**主役**を演《えん》じる。
□ ㉚ 一《いち》か八《ばち》かの**勝負**。

答え

⑯ あかいふでばこ。
⑰ かいしゃのじゅうやく。
⑱ しをよんでかんどうした。
⑲ へいわをねがう。
⑳ ラジオをほうそうする。
㉑ やさしいこころをはぐくむ。
㉒ とうじょうじんぶつのきもち。
㉓ ゆうじんにそうだんする。
㉔ すいぞくかんのけんがく。
㉕ そくどをおとす。
㉖ くやくしょのまどぐち。
㉗ よていをへんこうする。
㉘ でんきゅうをとりかえる。
㉙ げきでしゅやくをえんじる。
㉚ いちかばちかのしょうぶ。

学習日
月
日

三年生の漢字

読み問題スピードチェック③

▼声に出して読みましょう。

学習日　月　日

□ ① 使命を果《は》たす。
□ ② 代表を決定する。
□ ③ 有名《めい》な役者。
□ ④ 湖の深さを測《はか》る。
□ ⑤ 第三《さん》章まで読《よ》む。
□ ⑥ 屋上《じょう》は寒い。
□ ⑦ 嫌《いや》な予感がする。
□ ⑧ 両手《て》で皿を持つ。
□ ⑨ 昔と様子《す》が違《ちが》う。
□ ⑩ 洋服を着る。
□ ⑪ 本《ほん》の感想を語《かた》り合《あ》う。
□ ⑫ 祭りの笛の音《ね》色《いろ》。
□ ⑬ 緑色《いろ》の葉っぱ。
□ ⑭ 空《くう》港で姉《あね》を見《み》送る。
□ ⑮ 悲しい童話《わ》。

答え

① しめいをはたす。
② だいひょうをけっていする。
③ ゆうめいなやくしゃ。
④ みずうみのふかさをはかる。
⑤ だいさんしょうまでよむ。
⑥ おくじょうはさむい。
⑦ いやなよかんがする。
⑧ りょうてでさらをもつ。
⑨ むかしとようすがちがう。
⑩ ようふくをきる。
⑪ ほんのかんそうをかたりあう。
⑫ まつりのふえのねいろ。
⑬ みどりいろのはっぱ。
⑭ くうこうであねをみおくる。
⑮ かなしいどうわ。

□ ⑯ 失敗《しっぱい》の理《り》由。
□ ⑰ 氷の上《うえ》を滑《すべ》る。
□ ⑱ 集合《ごう》写真を撮《と》る。
□ ⑲ 号令《れい》をかける。
□ ⑳ 去年《ねん》、入学《にゅうがく》した。
□ ㉑ 町《まち》の中央《ちゅう》広《ひろ》場《ば》。
□ ㉒ 石《せき》炭が採《と》れる山《やま》。
□ ㉓ 係に指名《めい》された。
□ ㉔ けがが悪化した。
□ ㉕ 宿が旅行《こう》客であふれる。
□ ㉖ 銀色《いろ》の手《て》帳。
□ ㉗ 駅前《まえ》の広《ひろ》い道《どう》路。
□ ㉘ 作《さく》品を飾《かざ》る。
□ ㉙ 漢字《じ》の勉強《きょう》をする。
□ ㉚ 病は気《き》から。

答え

⑯ しっぱいのりゆう。
⑰ こおりのうえをすべる。
⑱ しゅうごうしゃしんをとる。
⑲ ごうれいをかける。
⑳ きょねん、にゅうがくした。
㉑ まちのちゅうおうひろば。
㉒ せきたんがとれるやま。
㉓ かかりにしめいされた。
㉔ けががあっかした。
㉕ やどがりょこうきゃくであふれる。
㉖ ぎんいろのてちょう。
㉗ えきまえのひろいどうろ。
㉘ さくひんをかざる。
㉙ かんじのべんきょうをする。
㉚ やまいはきから。

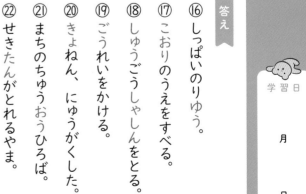

三年生の漢字

読み問題スピードチェック④

▼声に出して読みましょう。

□①金《きん》**庫**の中《なか》は**暗**い。
□②**昔**の**詩集**を読《よ》む。
□③**短**い時間《じかん》でも**遊**ぶ。
□④家《か》**族**を**守**る。
□⑤**苦**い**味**がする。
□⑥博士《はかせ》の**助**手《しゅ》になる。
□⑦**投**げたボールを**拾**う。
□⑧飛行機《ひこうき》の**乗客**。
□⑨長崎《ながさき》**県**は**島**が多《おお》い。
□⑩母《はは》の**身**長《ちょう》を超《こ》える。
□⑪**悪**人《にん》は**追放**された。
□⑫三十《さんじゅう》**秒**で**着**替《が》える。
□⑬**都**会《かい》で**起**きた**事**件《けん》。
□⑭太《たい》**陽**がまぶしい。
□⑮**美**しいフォームで**泳**ぐ。

答え

①きんこのなかはくらい。
②むかしのししゅうをよむ。
③みじかいじかんでもあそぶ。
④かぞくをまもる。
⑤にがいあじがする。
⑥はかせのじょしゅになる。
⑦なげたボールをひろう。
⑧ひこうきのじょうきゃく。
⑨ながさきけんはしまがおおい。
⑩はははのしんちょうをこえる。
⑪あくにんはついほうされた。
⑫さんじゅうびょうできがえる。
⑬とかいでおきたじけん。
⑭たいようがまぶしい。
⑮うつくしいフォームでおよぐ。

□⑯雨《あめ》が心《しん》**配**だ。
□⑰姫《ひめ》は王《おう》**宮**に**住**む。
□⑱九**州**《きゅう》の北側《きたがわ》。
□⑲**商品**を並《なら》べる。
□⑳**悲**しい**曲**が**流**れる。
□㉑熱《あつ》い**湯**を**注**ぐ。
□㉒太《ふと》い**柱**。
□㉓**畑**で大《だい》**根**を**育**てる。
□㉔**庭**園《えん》のバラの花《はな》。
□㉕**羊**毛《もう》のセーター。
□㉖水《みず》と**油**。
□㉗**神**社《じゃ》に参《まい》る。
□㉘入学《にゅうがく》**式**の**写真**。
□㉙日本《にほん》**酒**を**飲**む。
□㉚**急**な**坂**道《みち》を下《くだ》る。

答え

⑯あめがしんぱいだ。
⑰ひめはおうきゅうにすむ。
⑱きゅうしゅうのきたがわ。
⑲しょうひんをならべる。
⑳かなしいきょくがながれる。
㉑あついゆをそそぐ。
㉒ふといはしら。
㉓はたけでだいこんをそだてる。
㉔ていえんのバラのはな。
㉕ようもうのセーター。
㉖みずとあぶら。
㉗じんじゃにまいる。
㉘にゅうがくしきのしゃしん。
㉙にほんしゅをのむ。
㉚きゅうなさかみちをくだる。

学習日　月　日

三年生の漢字

読み問題スピードチェック⑤

▼声に出して読みましょう。

□①朝《ちょう》礼で発表する。
□②次の打者を抑《おさ》える。
□③寒い日《ひ》は息が白《しろ》い。
□④八《はち》階建《だ》てのビル。
□⑤みかんの皮をむく。
□⑥他者の意見《けん》を聞《き》く。
□⑦二《に》倍にふくらむ。
□⑧三《さん》級の試験《しけん》を受ける。
□⑨入会《にゅうかい》を申し込《こ》む。
□⑩黒《こく》板を消す係。
□⑪向こう岸まで泳ぐ。
□⑫電《でん》波を受信《しん》する。
□⑬駅に近《ちか》い病院。
□⑭彼女《かのじょ》は全てを知《し》る。
□⑮学力《がくりょく》が向上《じょう》する。

答え

①ちょうれいではっぴょうする。
②つぎのだしゃをおさえる。
③さむいひはいきがしろい。
④はちかいだてのビル。
⑤みかんのかわをむく。
⑥たしゃのいけんをきく。
⑦にばいにふくらむ。
⑧さんきゅうのしけんをうける。
⑨にゅうかいをもうしこむ。
⑩こくばんをけすかかり。
⑪むこうぎしまでおよぐ。
⑫でんぱをじゅしんする。
⑬えきにちかいびょういん。
⑭かのじょはすべてをしる。
⑮がくりょくがこうじょうする。

□⑯大学《だいがく》に進学《がく》する。
□⑰旅先《さき》で宿を探《さが》す。
□⑱校《こう》庭で転ぶ。
□⑲落石《せき》で道《みち》が塞《ふさ》がる。
□⑳等しく分《ぶん》配する。
□㉑歯科《か》医院の先生《せんせい》。
□㉒船《ふね》が港に集まる。
□㉓矢《や》が命中《ちゅう》する。
□㉔苦しむ人《ひと》を助ける。
□㉕身を委ねる。
□㉖この果物《くだもの》は美味だ。
□㉗体《たい》重計《けい》に乗る。
□㉘板にくぎを打つ。
□㉙体《たい》育館の屋根を直《なお》す。
□㉚放課《か》後《ご》に君を待つ。

答え

⑯だいがくにしんがくする。
⑰たびさきでやどをさがす。
⑱こうていでころぶ。
⑲らくせきでみちがふさがる。
⑳ひとしくぶんぱいする。
㉑しかいいんのせんせい。
㉒ふねがみなとにあつまる。
㉓やがめいちゅうする。
㉔くるしむひとをたすける。
㉕みをゆだねる。
㉖このくだものはびみだ。
㉗たいじゅうけいにのる。
㉘いたにくぎをうつ。
㉙たいいくかんのやねをなおす。
㉚ほうかごにきみをまつ。

学習日
月
日

三年生の漢字

書き問題スピードチェック①

▼□にあてはまる漢字を書きましょう。〔　〕は送りがなも書きましょう。

□ ① □□《やっきょく》で□《くすり》を買《か》う。

□ ② 〔　〕《しあわせ》な家《か》□《ぞく》。

□ ③ 月曜日《げつようび》は朝《ちょう》□《れい》に出《で》る。

□ ④ サッカーの□□《れんしゅう》を〔　〕《はじめる》。

□ ⑤ 好《す》きな□□《ようふく》を□《き》る。

□ ⑥ □□《びょうそく》一《いち》メートルで〔　〕《すすむ》。

□ ⑦ 学芸会《がくげいかい》の□□《しゅやく》。

□ ⑧ 二《に》□《ちょう》目《め》の角《かど》を〔　〕《まがる》。

□ ⑨ ピアノの□□《はっぴょう》会《かい》。

□ ⑩ 〔　〕《あつい》夏《なつ》がようやく□《さ》った。

□ ⑪ 九《きゅう》□《しゅう》で生《う》まれ〔　〕《そだつ》。

□ ⑫ □□《しょうひん》を□□《かいはつ》する。

□ ⑬ □《みずうみ》に□《なみ》が立《た》つ。

□ ⑭ 出《しゅっ》□《しん》は群馬《ぐんま》□《けん》だ。

□ ⑮ 〔　〕《うつくしい》□《ふえ》の音《ね》。

□ ⑯ □□《どうぶつ》園《えん》行《い》きのバスに□《の》る。

□ ⑰ □《かみ》を信《しん》じる。

□ ⑱ 地図記《ちずき》□《ごう》の□《べん》強《きょう》。

□ ⑲ 愛情《あいじょう》を〔　〕《そそぐ》。

□ ⑳ 野《や》□《きゅう》で□□《しょうぶ》する。

学習日　月　日

答えは別冊10ページ

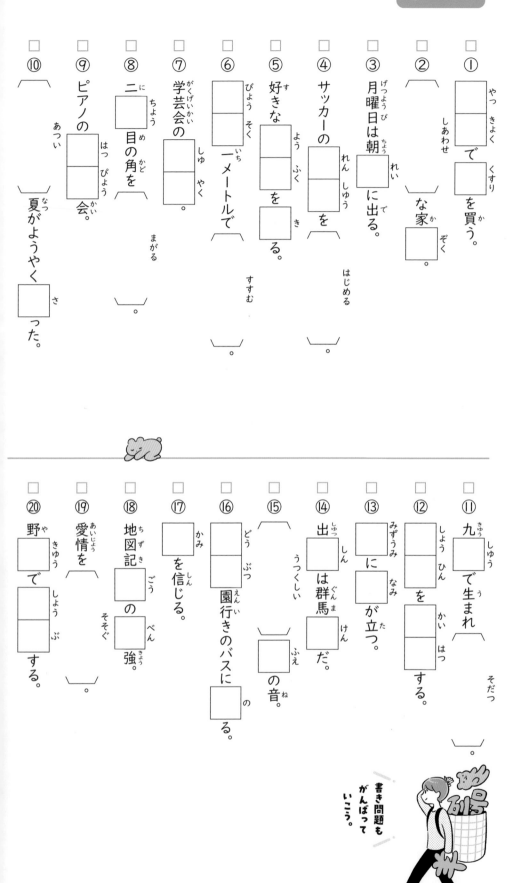

三年生の漢字

書き問題スピードチェック②

▼□にあてはまる漢字を書きましょう。〔　〕は送りがなも書きましょう。

① □《い》学《がく》の道《みち》に〔　〕《すすむ》。

② 明日《あす》の□□《よてい》。

③ □□□《はんたいい》見《けん》を述《の》べる。

④ 〔　〕《あたたかい》スープを□《の》む。

⑤ □《ぜん》国《こく》を□《たび》する。

⑥ □□《せかい》の□□《へいわ》を願《ねが》う。

⑦ □□□《ふくしまけん》は桃《もも》が□《ゆう》名《めい》だ。

⑧ □《おく》上《じょう》を□□《りょっか》する計画《けいかく》。

⑨ □□《いしゃ》に□□《そうだん》する。

⑩ □《りょう》親《しん》を□《えき》まで〔　〕《おくる》。

⑪ □《かん》中水《ちゅうすい》□《えい》の大会《たいかい》。

⑫ □《ころ》んで□□《はなぢ》が出《で》た。

⑬ 王《おう》□《さま》が□《とう》場《じょう》する。

⑭ □《と》会《かい》で□《しょう》売《ばい》をする。

⑮ □□□《しょくぶつゆ》来《らい》の成分《せいぶん》。

⑯ 地下《ちか》□《てつ》に□《じょう》車《しゃ》する。

⑰ 中《ちゅう》□《おう》図書《としょ》□《かん》で□《きみ》と会《あ》う。

⑱ □□《うんどう》場《じょう》を□□《かいほう》する。

⑲ □《かん》方《ぽう》□《やく》の□□《けんきゅう》。

⑳ 誰《だれ》が□《か》つかを□□《よそう》する。

学習日
月
日

答えは別冊10ページ

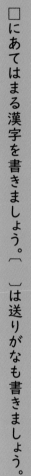

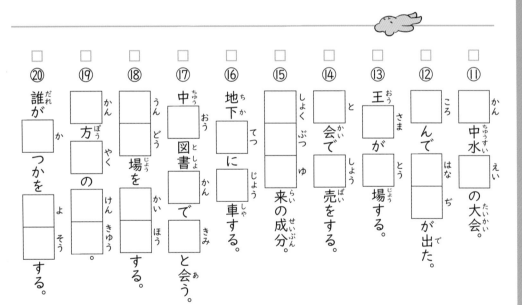

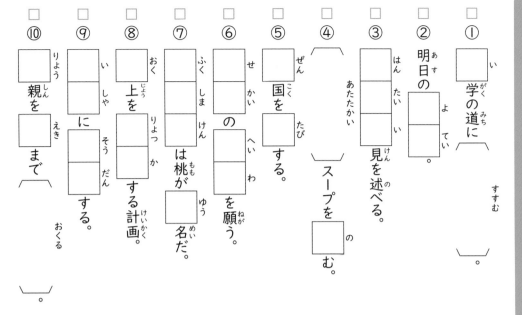

三年生の漢字

書き問題スピードチェック③

▼□にあてはまる漢字を書きましょう。〔　〕は送りがなも書きましょう。

□ ① □《ゆう》園地《えんち》に〔　〕《あつまる》。

□ ② 日《ひ》が暮《く》れて家《いえ》□《じ》を〔　〕《いそぐ》。

□ ③ □《むかし》は大《だい》□《こん》の□《はたけ》だった。

□ ④ □《ぎん》色《いろ》の□《さら》を〔　〕《くばる》。

□ ⑤ □《し》□《ごと》を〔　〕《おえる》。

□ ⑥ 前《まえ》□《ば》に痛《いた》みを〔　〕《かんじる》。

□ ⑦ 火《ひ》が□《き》えて□《あん》心《しん》する。

□ ⑧ □《ひら》たい□《いた》を〔　〕《かさねる》。

□ ⑨ 海《かい》□《がん》のごみを〔　〕《ひろう》。

□ ⑩ 校《こう》□《てい》で□《せい》□《れつ》する。

□ ⑪ 何《なん》□《ど》も□《さか》道《みち》を上《のぼ》る。

□ ⑫ 二《に》□《かい》で子《こ》どもが〔　〕《おきる》。

□ ⑬ 川《かわ》に□《はし》をかける□《じ》□《ぎょう》。

□ ⑭ 作《さっ》□《きょく》家《か》になる□《けつ》□《い》。

□ ⑮ オリーブの□《み》から□《あぶら》ができる。

□ ⑯ 〔　〕《みじかい》時間《じかん》、□《いき》を止《と》める。

□ ⑰ □《きょ》年《ねん》□《し》んだ□《し》人《じん》。

□ ⑱ 二《に》□《ばい》のスピードで〔　〕《なげる》。

□ ⑲ □《ぜん》□《ぶ》の□《もん》□《だい》を解《と》く。

□ ⑳ 車《しゃ》□《こ》に車《くるま》を入《い》れる。

学習日 月 日

答えは別冊10ページ

三年生の漢字 書き問題スピードチェック④

▼□にあてはまる漢字を書きましょう。〔　〕は送りがなも書きましょう。

学習日　月　日

□ ① 一学《いちがっ》□《き》の復《ふく》□《しゅう》をする。

□ ② 日本《にほん》□《しゅ》を料理《りょうり》に〔　〕《つかう》。

□ ③ □《わる》□《もの》から町《まち》を〔　〕《まもる》。

□ ④ イチョウの□《は》が〔　〕《おちる》。

□ ⑤ □《しょう》□《わ》の□《つぎ》は□《へい》成《せい》だ。

□ ⑥ 母《はは》の〔　〕《かわり》に父《ちち》が□《やく》□《しょ》に行《い》く。

□ ⑦ □《よう》気《き》な□《きょく》が〔　〕《ながれる》。

□ ⑧ □《みなと》に〔　〕《むかう》船《ふね》。

□ ⑨ 光《ひかり》の届《とど》かない□《しん》海《かい》は〔　〕《くらい》。

□ ⑩ □《びょう》□《いん》で診察《しんさつ》を〔　〕《うける》。

□ ⑪ 〔　〕《にがい》□《あじ》がする。

□ ⑫ 犬《いぬ》が□《ひつじ》を□《お》う。

□ ⑬ 藤本《ふじもと》□《くん》の家《いえ》の□《よこ》に□《す》む。

□ ⑭ □《こおり》の海《うみ》に生《う》まれる□《いのち》。

□ ⑮ 高《こう》□《きゅう》な□《ふで》□《ばこ》をいただく。

□ ⑯ キャンプで木《もく》□《たん》を〔　〕《つかう》。

□ ⑰ 大《だい》□《ず》を鍋《なべ》の□《ゆ》に入《い》れる。

□ ⑱ □《つぎ》の□《だ》□《しゃ》に□《き》□《たい》する。

□ ⑲ □《どう》話《わ》の□《しゅ》人公《じんこう》。

□ ⑳ バスケ□《ぶ》の合《がっ》□《しゅく》□《じょ》。

答えは別冊10ページ

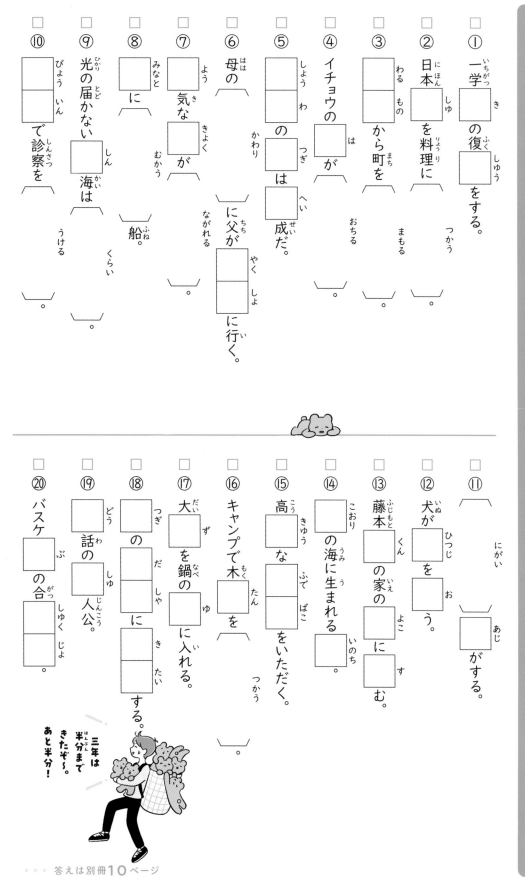

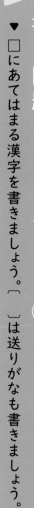

三年生の漢字

書き問題スピードチェック⑤

▼□にあてはまる漢字を書きましょう。（　）は送りがなも書きましょう。

□ ① □《きゃく》室《しつ》に案内《あんない》する。

□ ② （かなしい）王《おう》の□《もの》語《がたり》。

□ ③ （さむい）日《ひ》は□《ゆび》先《さき》が冷《つめ》たい。

□ ④ □《とう》□《しん》大《だい》の人形《にんぎょう》。

□ ⑤ 道《どう》□《ぐ》を上手《じょうず》に扱《あつか》う。

□ ⑥ □《だい》二《に》□《しょう》を読《よ》み（かえす）。

□ ⑦ □《かかり》□《いん》に□《ちゅう》□《い》される。

□ ⑧ （かるい）かばんを□《も》つ。

□ ⑨ 手《て》□《ちょう》を□《う》け□《と》る。

□ ⑩ 大《おお》きな□《はしら》の□《よこ》で□《しゃ》□《しん》を撮《と》る。

□ ⑪ □《た》人《にん》を（たすける）。

□ ⑫ りんごの□《かわ》をむく。

□ ⑬ 弟《おとうと》の入学《にゅうがく》□《しき》。

□ ⑭ 長《なが》い文《ぶん》□《しょう》を□《く》切《ぎ》る。

□ ⑮ □《てつ》製《せい》の□《のう》□《ぐ》。

□ ⑯ トラックの□《に》台《だい》に積《つ》む。

□ ⑰ 月曜日《げつようび》は朝《ちょう》□《れい》に出《で》る。

□ ⑱ （ながれ）に□《み》を（ゆだねる）。

□ ⑲ まるで□《きゅう》殿《でん》のような家《いえ》。

□ ⑳ 試合《しあい》を（もうし）込《こ》む。

学習日　月　日

答えは別冊10ページ

三年生の漢字

書き問題スピードチェック⑥

▼□にあてはまる漢字を書きましょう。〔　〕は送りがなも書きましょう。

学習日　月　日

□ ① 引退《いんたい》して野《や》□□《きゅうかい》を□《さ》る。

□ ② 名前《なまえ》を□《かん》字《じ》で書《か》く。

□ ③ □□《ぜんそく》力《りょく》で走《はし》る。

□ ④ この店《みせ》の料理《りょうり》は□□《びみ》だ。

□ ⑤ □《こおり》の□□《ひょうめん》が溶《と》ける。

□ ⑥ □□《じじつ》だけを話《はな》す。

□ ⑦ 父《ちち》は□《ぎん》行《こう》□《いん》だ。

□ ⑧ 秋《あき》〔　　〕《まつり》が〔　　〕《はじまる》。

□ ⑨ 水《すい》□□《ぞくかん》の魚《さかな》。

□ ⑩ クラス□□《いいん》を□□《けってい》する。

□ ⑪ 車《くるま》を□□《うんてん》する。

□ ⑫ 名前《なまえ》の□《ゆ》来《らい》を知《し》る。

□ ⑬ 〔　　〕《むこう》の□《しま》まで□□《てっきょう》を渡《わた》る。

□ ⑭ □《きゅう》に□《ろ》上《じょう》で止《と》まった車《くるま》。

□ ⑮ 作戦《さくせん》を□《ね》る。

□ ⑯ お気《き》に入《い》りの□□《わふく》。

□ ⑰ □《みずうみ》の生《せい》□《めい》を〔　　〕《しらべる》。

□ ⑱ □《えき》前《まえ》で友人《ゆうじん》を□《ま》つ。

□ ⑲ 手紙《てがみ》を□□《だいひつ》する。

□ ⑳ 室内《しつない》の□□《おんど》を上《あ》げる。

▸▸▸ 答えは別冊10ページ

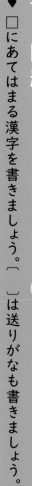

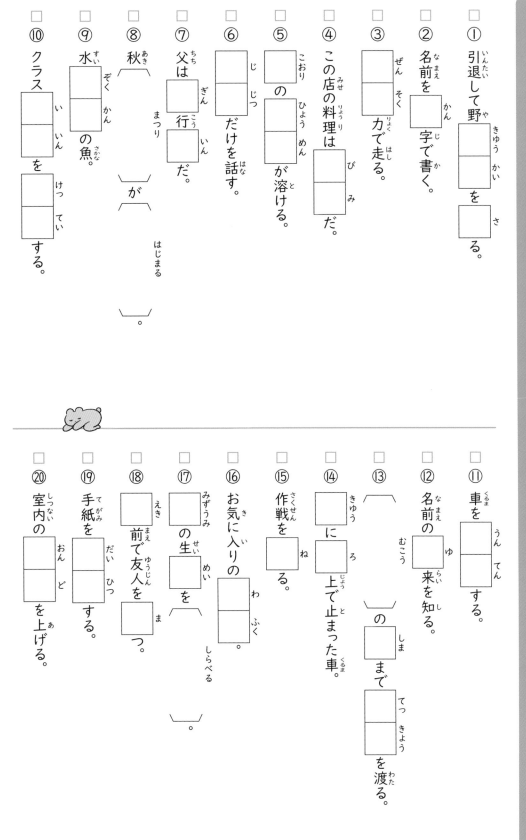

三年生の漢字

書き問題スピードチェック⑦

▼□にあてはまる漢字を書きましょう。〔　〕は送りがなも書きましょう。

☐ ① □《ひつじ》のぬいぐるみで〔　〕《あそぶ》。

☐ ② □《く》□《やく》□《しょ》前《まえ》に□《しゅう》合《ごう》する。

☐ ③ かっぱは空《くう》□《そう》上《じょう》の生《せい》□《ぶつ》だ。

☐ ④ 体《たい》□《ちょう》が〔　〕《わるい》ので家《いえ》で休《やす》む。

☐ ⑤ □《かん》字《じ》の□《しゅく》□《だい》を済《す》ませる。

☐ ⑥ □《おく》内《ない》プールで〔　〕《およぐ》。

☐ ⑦ かぜが□《りゅう》行《こう》している。

☐ ⑧ 象《ぞう》が□《はな》でりんごを〔　〕《ひろう》。

☐ ⑨ 自《じ》□《てん》車《しゃ》を□《お》い抜《ぬ》く。

☐ ⑩ 料理《りょうり》の入《はい》った□《じゅう》□《ばこ》。

☐ ⑪ 水仙《すいせん》の□《きゅう》□《こん》を〔　〕《うえる》。

☐ ⑫ □《しょう》□《ぎょう》が盛《さか》んな地域《ちいき》。

☐ ⑬ グローバル□《か》する社会《しゃかい》。

☐ ⑭ 太《ふと》い□《はしら》に寄《よ》り掛《か》かる。

☐ ⑮ □《のう》□《ぎょう》に従《じゅう》□《じ》する。

☐ ⑯ 〔　〕《かなしい》気《き》□《も》ちを〔　〕《あらわす》。

☐ ⑰ 妹《いもうと》の〔　〕《かわり》に蓋《ふた》を〔　〕《あける》。

☐ ⑱ 先生《せんせい》が生徒《せいと》を心《しん》□《ぱい》する。

☐ ⑲ □《しん》□《きゅう》テストに合格《ごうかく》する。

☐ ⑳ 三年生《さんねんせい》の学《がく》□《しゅう》を〔　〕《おえる》。

学習日　月　日

▸▸▸ 答えは別冊11ページ

三年生の漢字

書き順や字形の問題

学習日　月　日

1 ▼ 書き順の正しい方に○を書きましょう。

① 有　ア（　）ノナ冇有有　イ（　）一ナ冇有有

② 主　ア（　）、亠亍主主　イ（　）、亠亖主主

③ 命　ア（　）人亼合命命　イ（　）人亼合命命

2 ▼ 赤い部分は何画目に書きますか。□に数字を書きましょう。

① 氷 □　② 央 □　③ 暑 □　④ 旅 □　⑤ 幸 □　⑥ 重 □

3 ▼ 正しい字に○を書きましょう。

① さけ　ア（　）酒　イ（　）洒

② つぎ　ア（　）次　イ（　）次

③ じゅう　ア（　）住　イ（　）往

④ さら　ア（　）血　イ（　）皿

⑤ こう　ア（　）幸　イ（　）辛

⑥ あじ　ア（　）昧　イ（　）味

4 ▼ ●にかくれている部分を□に書きましょう。

（例） 気《き》 → メ

① 葉《は》 □　② 島《しま》 □　③ 温《おん》 □　④ 落《らく》 □　⑤ 遊《ゆう》 □

答えは別冊11ページ

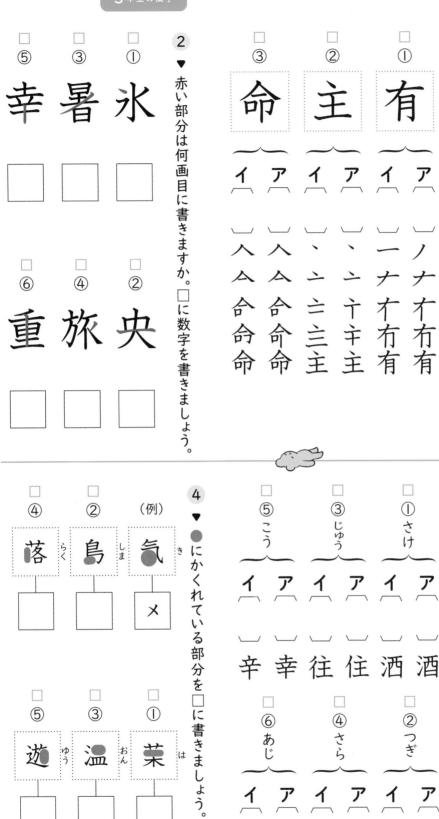

三年生の漢字

最終チェック問題②

学習日　月　日

1 次の文章を読んで、——の漢字の読みがなを書きましょう。

きのう、湖①の近《ちか》くにある遊②園《えん》地《ち》に、家《か》族③で行《い》った。そこは昭和④時代《じだい》からあるそうだ。すごい速度⑤で回《かい》転⑥する乗りもの⑦や、高《こう》所⑧から落下⑨《か》する乗りものに何《なん》度⑩も乗った。

□ ①〔　　〕　□ ②〔　　〕

□ ③〔　　〕　□ ④〔　　〕

□ ⑤〔　　〕　□ ⑥〔　　〕

□ ⑦〔　　〕　□ ⑧〔　　〕

□ ⑨〔　　〕　□ ⑩〔　　〕

2 □には同じ部分をもつ漢字が入ります。□に漢字を書きましょう。

□ ① □《にが》い□《は》っぱから□《くすり》を作《つく》る。

□ ② ビルの二《に》□《かい》にある美容《びよう》□《いん》。

□ ③ □《ふか》い皿《さら》に、ごま□《あぶら》を□《そそ》ぐ。

□ ④ □《な》げた球《たま》を□《ひろ》う。

□ ⑤ □《へん》事《じ》を□《おく》る。前《まえ》へ□《すす》む。

▸▸▸ 答えは別冊11ページ

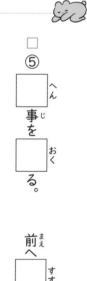

3

▼ 次の文章を読んで、——の言葉を漢字に直しましょう。送りがなが必要な場合は、送りがなも書きましょう。

大人《おとな》になったら、①ようふくやさんの店《てん》②いんになりたい。③しょうひんを④うつくしく並《なら》べ、⑤おきゃくさまが気《き》⑥もちよく買《か》い⑦ものできるよう気《き》を⑧くばる。そんな人《ひと》になれるよう、今《いま》から⑨べん強《きょう》をしよう。そう、⑩けついした。

□ ①（　　　）　□ ②（　　　）
□ ③（　　　）　□ ④（　　　）
□ ⑤（　　　）　□ ⑥（　　　）
□ ⑦（　　　）　□ ⑧（　　　）
□ ⑨（　　　）　□ ⑩（　　　）

4

▼ □には同じ読みの漢字が入ります。□に漢字を書きましょう。

□ ① 感《かん》□《そう》文《ぶん》の書《か》き方《かた》を□《そう》談《だん》する。

□ ② 電《でん》□《ちゅう》に当《あ》たらないよう□《ちゅう》いする。

□ ③ 世《せ》□《かい》大会《たいかい》の□《かい》会式《かいしき》。

□ ④ 練《れん》□《しゅう》に□《しゅう》中《ちゅう》する。会議《かいぎ》が□《しゅう》了《りょう》する。

□ ⑤ □《よう》毛《もう》のふとんを太《たい》□《よう》に当《あ》てる。

答えは別冊11ページ

四年生の漢字

貨 果 加 億 岡 塩 媛 栄 英 印 茨 位 衣 以 案 愛

願 観 関 管 官 完 潟 覚 各 街 害 械 改 賀 芽 課

競 鏡 協 共 漁 挙 給 泣 求 議 機 器 旗 季 希 岐

功 固 験 健 建 結 欠 芸 景 径 群 郡 軍 訓 熊 極

参 察 刷 札 昨 崎 材 埼 最 菜 差 佐 康 候 香 好

祝 周 種 借 失 鹿 辞 滋 治 児 試 司 氏 残 散 産

静 清 省 成 井 信 臣 縄 城 照 焼 唱 笑 松 初 順

卒 続 側 束 巣 倉 争 然 選 戦 浅 説 節 折 積 席

努 徒 伝 典 的 底 低 兆 沖 仲 置 単 達 隊 帯 孫

必 飛 飯 阪 博 梅 敗 念 熱 梨 奈 栃 徳 特 働 灯

法 包 便 変 辺 別 兵 副 富 阜 府 付 夫 不 標 票

料 良 陸 利 浴 養 要 勇 約 無 民 未 満 末 牧 望

録 労 老 連 例 冷 令 類 輪 量

四年生の漢字

読み問題スピードチェック①

▼声に出して読みましょう。

□ ① 県知事《けんちじ》の**選挙**。
□ ② **戦争**が終《お》わる。
□ ③ バッテリーの**残量**。
□ ④ **帯**に短《みじか》したすきに長《なが》し。
□ ⑤ 干潟《ひ》にいる生《い》き物《もの》。
□ ⑥ **軍隊**が行進《こうしん》する。
□ ⑦ **季節**の**変**わり目《め》。
□ ⑧ **司法試験**を受《う》ける。
□ ⑨ 机《つくえ》の**位置**を**固**定《てい》する。
□ ⑩ **辞典**で調《しら》べる。
□ ⑪ **必要**は発明《はつめい》の母《はは》。
□ ⑫ **健康**のために歩《ある》く。
□ ⑬ 病気《びょうき》が**完治**する。
□ ⑭ 優勝《ゆうしょう》の**祝賀**会《かい》。
□ ⑮ 新聞《しんぶん》を**印刷**する。

答え

① けんちじのせんきょ。
② せんそうがおわる。
③ バッテリーのざんりょう。
④ おびにみじかしたすきにながし。
⑤ ひがたにいるいきもの。
⑥ ぐんたいがこうしんする。
⑦ きせつのかわりめ。
⑧ しほうしけんをうける。
⑨ つくえのいちをこていする。
⑩ じてんでしらべる。
⑪ ひつようははつめいのはは。
⑫ けんこうのためにあるく。
⑬ びょうきがかんちする。
⑭ ゆうしょうのしゅくがかい。
⑮ しんぶんをいんさつする。

□ ⑯ 計画《けいかく》は**成功**した。
□ ⑰ 学校《がっこう》を**欠席**する。
□ ⑱ **努**力《りょく》が**徒労**に終《お》わる。
□ ⑲ **念願**の海外旅行《かいがいりょこう》。
□ ⑳ 捕獲《ほかく》に**失敗**する。
□ ㉑ **井**戸水《どみず》の水温《すいおん》。
□ ㉒ **栄養**が豊《ほう》**富**な野《や》**菜**。
□ ㉓ **夫**と**共**に反《はん》**省**する。
□ ㉔ **未完成**の作品《さくひん》。
□ ㉕ 手《しゅ》**芸**の**材料**を買《か》う。
□ ㉖ 電子《でんし》**機器**に詳《くわ》しい。
□ ㉗ 噴火《ふんか》が起《お》きる前《ぜん》**兆**。
□ ㉘ 三角形《さんかくけい》の**底辺**。
□ ㉙ **初**めての**給料**をもらう。
□ ㉚ **勇**気《き》を出《だ》して**飛**ぶ。

答え

⑯ けいかくはせいこうした。
⑰ がっこうをけっせきする。
⑱ どりょくがとろうにおわる。
⑲ ねんがんのかいがいりょこう。
⑳ ほかくにしっぱいする。
㉑ いどみずのすいおん。
㉒ えいようがほうふなやさい。
㉓ おっとともにはんせいする。
㉔ みかんせいのさくひん。
㉕ しゅげいのざいりょうをかう。
㉖ でんしききにくわしい。
㉗ ふんかがおきるぜんちょう。
㉘ さんかくけいのていへん。
㉙ はじめてのきゅうりょうをもらう。
㉚ ゆうきをだしてとぶ。

学習日　月　日

四年生の漢字

読み問題スピードチェック②

▼声に出して読みましょう。

□①**愛媛**県《けん》のみかん。
□②新《にい》**潟**県《けん》のスキー場《じょう》。
□③**栃**木《ぎ》県《けん》にある神社《じんじゃ》。
□④**奈良**県《けん》の**鹿**。
□⑤**大阪府**のビル**街**。
□⑥**岐阜**県《けん》の温泉《おんせん》。
□⑦**滋賀**県《けん》の湖《みずうみ》。
□⑧**茨城**県《けん》の**特産**物《ぶつ》。
□⑨**静岡**県《けん》の茶畑《ちゃばたけ》。
□⑩**徳**島県《しまけん》の祭《まつ》り。
□⑪**佐賀**県《けん》の遺跡《いせき》。
□⑫宮《みや》**崎**県《けん》は暖《あたた》かい。
□⑬**宮城**県《けん》の名物《めいぶつ》。
□⑭**沖縄**県《けん》の海《うみ》。
□⑮**岡**山県《やまけん》の**伝説**。

答え

①えひめけんのみかん。
②にいがたけんのスキーじょう。
③とちぎけんにあるじんじゃ。
④ならけんのしか。
⑤おおさかふのビルがい。
⑥ぎふけんのおんせん。
⑦しがけんのみずうみ。
⑧いばらきけんのとくさんぶつ。
⑨しずおかけんのちゃばたけ。
⑩とくしまけんのまつり。
⑪さがけんのいせき。
⑫みやざきけんはあたたかい。
⑬みやぎけんのめいぶつ。
⑭おきなわけんのうみ。
⑮おかやまけんのでんせつ。

□⑯**兵**庫県《ごけん》の港《みなと》。
□⑰**熊**本県《もとけん》の**城**。
□⑱**鹿児島**県《けん》の火山《かざん》。
□⑲**神奈川**県《けん》の**観**光地《こうち》。
□⑳**愛**知県《ちけん》の会社《かいしゃ》。
□㉑**群**馬県《まけん》の**特**長《ちょう》。
□㉒**埼**玉県《たまけん》の気《き》**候**。
□㉓山《やま》**梨**県《けん》の**果**樹園《じゅえん》。
□㉔長《なが》**崎**県《けん》は島《しま》が多《おお》い。
□㉕一通《いっつう》の**便**箋《せん》が届《とど》いた。
□㉖ガラス製《せい》の**管**。
□㉗この本《ほん》に**氏**名《めい》を書《か》く。
□㉘気《き》の**置**けない友人《ゆうじん》。
□㉙**孫**が**初**めて**笑**った。
□㉚**菜**の花《はな》の天《てん》ぷら。

答え

⑯ひょうごけんのみなと。
⑰くまもとけんのしろ。
⑱かごしまけんのかざん。
⑲かながわけんのかんこうち。
⑳あいちけんのかいしゃ。
㉑ぐんまけんのとくちょう。
㉒さいたまけんのきこう。
㉓やまなしけんのかじゅえん。
㉔ながさきけんはしまがおおい。
㉕いっつうのびんせんがとどいた。
㉖ガラスせいのくだ（かん）。
㉗このほんにしめいをかく。
㉘きのおけないゆうじん。
㉙まごがはじめてわらった。
㉚なのはなのてんぷら。

学習日
月
日

四年生の漢字

読み問題スピードチェック③

▼声に出して読みましょう。

□ ① 千円《せんえん》札を包む。
□ ② 目《もく》標を達成した。
□ ③ 梅の実《み》の直《ちょっ》径を測《はか》る。
□ ④ 北《ほっ》極の調査《ちょうさ》。
□ ⑤ 最低気温《きおん》を記《き》録する。
□ ⑥ 労働時間《じかん》の短縮《たんしゅく》。
□ ⑦ 虫《むし》を観察する。
□ ⑧ 説明会《めいかい》に参加する。
□ ⑨ 自《し》然の多《おお》い街。
□ ⑩ 卒業式《ぎょうしき》で泣く人《ひと》。
□ ⑪ 児童《どう》による合《がっ》唱。
□ ⑫ 副大《だい》臣を辞任《にん》する。
□ ⑬ 白《はく》熱灯をつける。
□ ⑭ 昨年《ねん》は好景気《き》だった。
□ ⑮ 倉庫《こ》に照明《めい》をつける。

答え

① せんえんさつをつつむ。
② もくひょうをたっせいした。
③ うめのみのちょっけいをはかる。
④ ほっきょくのちょうさ。
⑤ さいていきおんをきろくする。
⑥ ろうどうじかんのたんしゅく。
⑦ むしをかんさつする。
⑧ せつめいかいにさんかする。
⑨ しぜんのおおいまち。
⑩ そつぎょうしきでなくひと。
⑪ じどうによるがっしょう。
⑫ ふくだいじんをじにんする。
⑬ はくねつとうをつける。
⑭ さくねんはこうけいきだった。
⑮ そうこにしょうめいをつける。

□ ⑯ 包丁《ちょう》で魚《さかな》をさばく。
□ ⑰ 料理《り》に塩を加える。
□ ⑱ 恋《こい》に身《み》を焼く。
□ ⑲ 連続して失敗した。
□ ⑳ 老木《ぼく》の年《ねん》輪の数《かず》。
□ ㉑ 五枚《ごまい》以上《じょう》の金《きん》貨。
□ ㉒ 英語《ご》で案内《ない》する。
□ ㉓ 機械を改良する。
□ ㉔ 三度《さんど》の飯より本《ほん》が好き。
□ ㉕ 陸軍の訓練《れん》。
□ ㉖ 協力《りょく》を求める。
□ ㉗ 一《いち》億円《えん》が当《あ》たる。
□ ㉘ 書《しょ》類に日《ひ》付を書《か》く。
□ ㉙ キンモクセイの香り。
□ ㉚ 飛行《こう》機が着《ちゃく》陸する。

答え

⑯ ほうちょうでさかなをさばく。
⑰ りょうりにしおをくわえる。
⑱ こいにみをやく。
⑲ れんぞくしてしっぱいした。
⑳ ろうぼくのねんりんのかず。
㉑ ごまいいじょうのきんか。
㉒ えいごであんないする。
㉓ きかいをかいりょうする。
㉔ さんどのめしよりほんがすき。
㉕ りくぐんのくんれん。
㉖ きょうりょくをもとめる。
㉗ いちおくえんがあたる。
㉘ しょるいにひづけをかく。
㉙ キンモクセイのかおり。
㉚ ひこうきがちゃくりくする。

学習日
月
日

四年生の漢字

読み問題スピードチェック④

▼声に出して読みましょう。

□①大《おお》**縄**を跳《と》ぶ**順**番《ばん》。
□②友人《ゆうじん》に花《はな》**束**を渡《わた》す。
□③**信**号《ごう》で止《と》まる。
□④**望**遠《えん》**鏡**で星《ほし》を見《み》る。
□⑤**要求**に応《おう》じる。
□⑥**選挙結果**の速報《そくほう》。
□⑦夏物《なつもの》の**衣類**をしまう。
□⑧ラジオ体操《たいそう》をする日《にっ》**課**。
□⑨春《はる》に新《しん》**芽**が出《で》る。
□⑩**各**自《じ》が**案**を持《も》ち寄《よ》る。
□⑪秋《あき》の七草《ななくさ》を**覚**える。
□⑫市部《しぶ》から**郡**部《ぶ》へ移《うつ》る。
□⑬天《てん》**候**に左右《さゆう》される。
□⑭記入《きにゅう》**例**の通《とお》りに書《か》く。
□⑮大雨《おおあめ》による水《すい》**害**。

答え

①おおなわをとぶじゅんばん。
②ゆうじんにはなたばをわたす。
③しんごうでとまる。
④ぼうえんきょうでほしをみる。
⑤ようきゅうにおうじる。
⑥せんきょけっかのそくほう。
⑦なつもののいるいをしまう。
⑧ラジオたいそうをするにっか。
⑨はるにしんめがでる。
⑩かくじがあんをもちよる。
⑪あきのななくさをおぼえる。
⑫しぶからぐんぶへうつる。
⑬てんこうにさゆうされる。
⑭きにゅうれいのとおりにかく。
⑮おおあめによるすいがい。

□⑯**建**物《もの》を**管**理《り》する。
□⑰**冷**や水《みず》を**浴**びせる。
□⑱学校《がっこう》に**不満**は**無**い。
□⑲**松**の木《き》の手入《てい》れ。
□⑳円《えん》の面《めん》**積**を**求**める。
□㉑パソコンを**固**定《てい》する。
□㉒蜂《はち》の**巣**をつついたよう。
□㉓国《こっ》**旗**と校《こう》**旗**を掲《かか》げる。
□㉔箱《はこ》の内《うち》**側**に色《いろ》を塗《ぬ》る。
□㉕**勇**み足《あし》を踏《ふ》む。
□㉖重《じゅう》**要**な会《かい》**議**に出《で》る。
□㉗**便利**な漢字暗記帳《かんじあんきちょう》。
□㉘人《じん》**種差別**に反対《はんたい》する。
□㉙馬《うま》が放《ほう》**牧**されている。
□㉚**塩**で身《み》を**清**める。

答え

⑯たてものをかんりする。
⑰ひやみずをあびせる。
⑱がっこうにふまんはない。
⑲まつのきのていれ。
⑳えんのめんせきをもとめる。
㉑パソコンをこていする。
㉒はちのすをつついたよう。
㉓こっきとこうきをかかげる。
㉔はこのうちがわにいろをぬる。
㉕いさみあしをふむ。
㉖じゅうようなかいぎにでる。
㉗べんりなかんじあんきちょう。
㉘じんしゅさべつにはんたいする。
㉙うまがほうぼくされている。
㉚しおでみをきよめる。

学習日
月
日

四年生の漢字

読み問題スピードチェック⑤

▼声に出して読みましょう。

□ ① 次《つぎ》の角《かど》を左《さ》**折**する。
□ ② **浅**い海《うみ》で泳《およ》ぐ。
□ ③ **努**めて**冷静**に振《ふ》る舞《ま》う。
□ ④ **単**三電池《さんでんち》が**必要**だ。
□ ⑤ 実《じっ》**験**の目《もく》**的**を**伝**える。
□ ⑥ 胃《い》は消化《しょうか》**器官**だ。
□ ⑦ 事件《じけん》とは**関**係《けい》が**無**い。
□ ⑧ **漁**船《せん》で海《うみ》に出《で》る。
□ ⑨ 友人《ゆうじん》と**仲**直《なお》りする。
□ ⑩ 朝礼《ちょうれい》で号《ごう》**令**をかける。
□ ⑪ 五十《ごじゅう》メートル**競**走《そう》。
□ ⑫ **博**識《しき》な人物《じんぶつ》。
□ ⑬ **城**の**周**りが**栄**える。
□ ⑭ 消《け》しゴムを**借**りる。
□ ⑮ **成**人《じん》は投《とう》**票**できる。

答え

① つぎのかどをさせつする。
② あさいうみでおよぐ。
③ つとめてれいせいにふるまう。
④ たんさんでんちがひつようだ。
⑤ じっけんのもくてきをつたえる。
⑥ いはしょうかきかんだ。
⑦ じけんとはかんけいがない。
⑧ ぎょせんでうみにでる。
⑨ ゆうじんとなかなおりする。
⑩ ちょうれいでごうれいをかける。
⑪ ごじゅうメートルきょうそう。
⑫ はくしきなじんぶつ。
⑬ しろのまわりがさかえる。
⑭ けしゴムをかりる。
⑮ せいじんはとうひょうできる。

□ ⑯ 住《じゅう》**民**が**清**掃《そう》する。
□ ⑰ 山《やま》に**熊**が現《あらわ》れる。
□ ⑱ **兵隊**の人形《にんぎょう》を買《か》う。
□ ⑲ 洋《よう》**梨**のタルトを作《つく》る。
□ ⑳ 羊《ひつじ》が**群**れる。
□ ㉑ **未**来《らい》に**希望**を持《も》つ。
□ ㉒ 一《いっ》**兆**円《えん》の損《そん》**害**。
□ ㉓ **茨**の道《みち》を歩《あゆ》む。
□ ㉔ **愛**犬《けん》と**散**歩《ぽ》する。
□ ㉕ 体制《たいせい》を**刷**新《しん》する。
□ ㉖ 週《しゅう》**末**に会《あ》う**約束**。
□ ㉗ **好**きなこう水《すい》を**選**ぶ。
□ ㉘ **改札**口《ぐち》で出会《であ》う。
□ ㉙ 目《め》が**覚**める。
□ ㉚ 靴《くつ》ひもを**結**ぶ。

答え

⑯ じゅうみんがせいそうする。
⑰ やまにくまがあらわれる。
⑱ へいたいのにんぎょうをかう。
⑲ ようなしのタルトをつくる。
⑳ ひつじがむれる。
㉑ みらいにきぼうをもつ。
㉒ いっちょうえんのそんがい。
㉓ いばらのみちをあゆむ。
㉔ あいけんとさんぽする。
㉕ たいせいをさっしんする。
㉖ しゅうまつにあうやくそく。
㉗ すきなこうすいをえらぶ。
㉘ かいさつぐちでであう。
㉙ めがさめる。
㉚ くつひもをむすぶ。

学習日
月
日

四年生の漢字

書き問題スピードチェック①

▼□にあてはまる漢字を書きましょう。〔　〕は送りがなも書きましょう。

□ ① □《ねん》□《がん》がかなった。

□ ② □《せん》□《きょ》に〔　　〕《かならず》□《さん》□《か》する。

□ ③ キュリー□《ふ》人《じん》の研究《けんきゅう》。

□ ④ □《けん》□《こう》のために□《さん》歩《ぽ》する。

□ ⑤ 人《じん》□《るい》□《はつ》の〔　　〕《こころみ》。

□ ⑥ 高《たか》いビルを〔　　〕《たてる》。

□ ⑦ □《たい》列《れっ》に〔　　〕《くわわる》。

□ ⑧ 大型《おおがた》の□《き》□《かい》が□《かん》□《せい》する。

□ ⑨ 王様《おうさま》の家《か》□《しん》が並《なら》ぶ。

□ ⑩ □《かく》ページの漢字《かんじ》を〔　　〕《おぼえる》。

□ ⑪ □《そつ》業式《ぎょうしき》の答《とう》□《じ》。

□ ⑫ 〔　　〕《しずか》に着《ちゃく》□《せき》する。

□ ⑬ 古《こ》□《てん》□《てき》な手《しゅ》□《ほう》。

□ ⑭ 半《はん》□《けい》から面《めん》□《せき》を〔　　〕《もとめる》。

□ ⑮ □《さい》□《てい》五時間《ごじかん》は〔　　〕《はたらく》。

□ ⑯ □《うめ》干《ぼ》しのおにぎり。

□ ⑰ 兄《あに》の□《あい》読書《どくしょ》を〔　　〕《かりる》。

□ ⑱ 実《じっ》□《けん》室《しつ》で白《はく》□《い》を着《き》る。

□ ⑲ 穏《おだ》やかな気《き》□《こう》に□《か》わる。

□ ⑳ 年《とし》が〔　　〕《あらたまる》。

学習日
月
日

答えは別冊12ページ

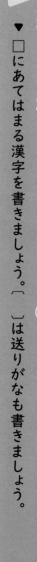

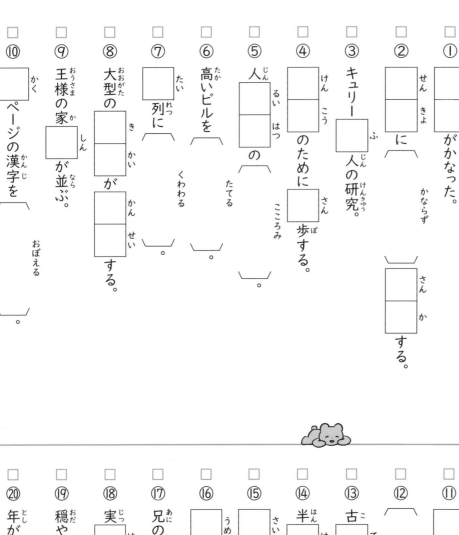

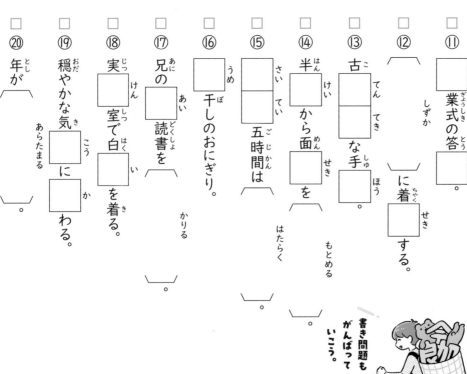

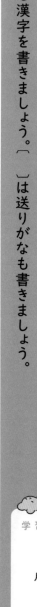

四年生の漢字

書き問題スピードチェック②

▼□にあてはまる漢字を書きましょう。〔　〕は送りがなも書きましょう。

□ ① □□《えひめ》県《けん》を□《かん》光《こう》する。

□ ② 新《にい》□《がた》県《けん》でスキーをする。

□ ③ □《とち》木《ぎ》県《けん》の日光東《にっこうとう》□《しょう》宮《ぐう》。

□ ④ □□《なら》県《けん》で□《しか》を見《み》る。

□ ⑤ 大□□《おおさかふ》のシンボル。

□ ⑥ □□《ぎふ》県《けん》の世界遺《せかいい》□《さん》。

□ ⑦ □□《しが》県《けん》の湖《みずうみ》で泳《およ》ぐ。

□ ⑧ □□《いばらき》県《けん》に〔　　《のこる》〕□□《でんせつ》。

□ ⑨ □□《しずおか》県《けん》で海水《かいすい》□《よく》をする。

□ ⑩ □《とく》島《しま》県《けん》の□《とく》さん品《ひん》。

□ ⑪ □□《さが》県《けん》で祭《まつ》りに□□《さんか》する。

□ ⑫ 宮《みや》□《ざき》県《けん》の風《ふう》□《けい》を思《おも》い出《だ》す。

□ ⑬ 宮□《みやぎ》県《けん》で牛肉《ぎゅうにく》を食《た》べる。

□ ⑭ □□《おきなわ》県《けん》で□《しろ》跡《あと》を訪《たず》ねる。

□ ⑮ □《おか》山県《やまけん》は自《し》□《ぜん》が豊《ゆた》かだ。

□ ⑯ □《ひょう》庫県《ごけん》の方言《ほうげん》。

□ ⑰ □《くま》本県《もとけん》の庭園《ていえん》。

□ ⑱ □□島《かごしま》県《けん》で夕《ゆう》□《はん》を食《た》べる。

□ ⑲ 父《ちち》との□□《やくそく》を□《しん》じる。

□ ⑳ この町《まち》は□《ぎょ》業《ぎょう》が盛《さか》んだ。

学習日　月　日

▸▸▸ 答えは別冊12ページ

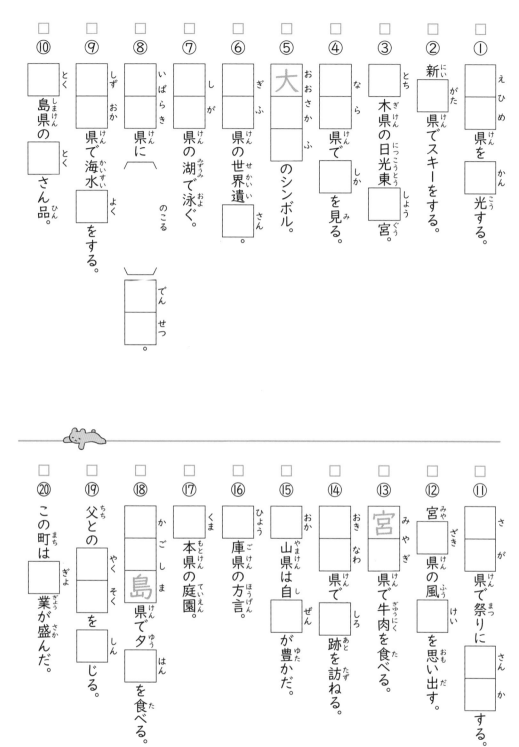

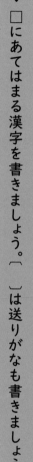

四年生の漢字

書き問題スピードチェック③

▼□にあてはまる漢字を書きましょう。〔　〕は送りがなも書きましょう。

□ ① □《ぐん》馬《ま》県《けん》の温泉《おんせん》□《がい》。

□ ② □《さい》玉県《たまけん》まで□《とつ》急《きゅう》に乗《の》る。

□ ③ 山《やま》□《なし》県《けん》の□《か》実《じつ》。

□ ④ 長《なが》□《さき》県《けん》で平和《へいわ》を〔　　〕《ねがう》。

□ ⑤ □山《とやま》県《けん》の薬局《やっきょく》。

□ ⑥ □□《ろうどう》時間《じかん》を調整《ちょうせい》する。

□ ⑦ □□《ざいりょう》をそろえる。

□ ⑧ ようやく病気《びょうき》が〔　　〕《なおる》。

□ ⑨ 子《こ》の□《せい》長《ちょう》を記《き》□《ろく》する。

□ ⑩ □《す》きな野《や》□《さい》を食《た》べる。

□ ⑪ 金《きん》□《かん》楽《がっ》□《き》を吹《ふ》く。

□ ⑫ 子《し》□《そん》に土地《とち》を〔　　〕《のこす》。

□ ⑬ 究《きゅう》□《きょく》のメニューを考《こう》□《あん》する。

□ ⑭ 賞状《しょうじょう》をもらい光《こう》□《えい》だ。

□ ⑮ □《りく》上《じょう》で□《さい》大《だい》の動物《どうぶつ》。

□ ⑯ □《きょう》同《どう》で□《ぐん》事《じ》□《くん》練《れん》をする。

□ ⑰ 学《がく》□《げい》会《かい》に向《む》けて□《きょう》力《りょく》する。

□ ⑱ 車《しゃ》□《りん》が外《はず》れる。

□ ⑲ 神□川《かながわ》県《けん》で寺院《じいん》を巡《めぐ》る。

□ ⑳ □《あい》知《ち》県《けん》の野《や》球場《きゅうじょう》。

学習日
月
日

▸▸▸ 答えは別冊12ページ

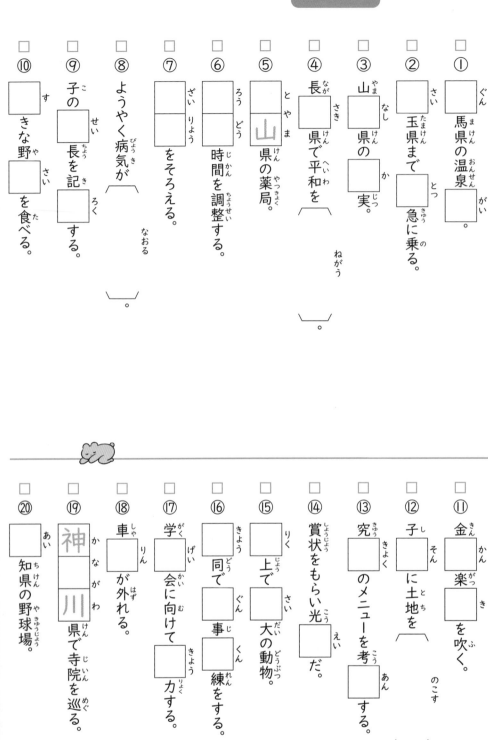

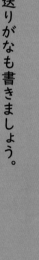

四年生の漢字

書き問題スピードチェック④

▼□にあてはまる漢字を書きましょう。〔　〕は送りがなも書きましょう。

学習日　月　日

① □《ぼく》場《じょう》の馬《うま》の□《む》れ。

② □《さつ》□《たば》を□《つ》む。

③ 太陽《たいよう》が大地《だいち》を〔　　〕《てらす》。

④ 詳《くわ》しい□《せつ》明《めい》は〔　　〕《はぶく》。

⑤ 工場《こうじょう》の煙《けむり》による公《こう》□《がい》。

⑥ 三日《みっか》〔　　〕《つづけ》て雨《あめ》が降《ふ》る。

⑦ □《き》少《しょう》な植物《しょくぶつ》を守《まも》る。

⑧ 六歳《ろくさい》□《み》□《まん》だけが乗《の》れる。

⑨ □《ねっ》□《たい》夜《や》で寝《ね》られない。

⑩ □《さく》年《ねん》まいた□《たね》が□《め》を出《だ》す。

⑪ □《そう》庫《こ》に荷物《にもつ》を□《お》く。

⑫ □《きゅう》食《しょく》の□《えん》分《ぶん》□《りょう》。

⑬ □《えい》国《こく》の通《つう》□《か》はポンドだ。

⑭ 〔　　〕《きよらか》な人《ひと》。

⑮ □《あい》犬《けん》と遊《あそ》ぶのが日《にっ》□《か》だ。

⑯ □《しゅく》□《じ》を□《いん》□《さつ》する。

⑰ 車両《しゃりょう》を□《れん》□《けつ》する。

⑱ 事業《じぎょう》が□《せい》□《こう》する。

⑲ □《さん》□《ぎ》院《いん》の□《せん》□《きょ》。

⑳ □《し》会者《かいしゃ》による進行《しんこう》。

答えは別冊12ページ

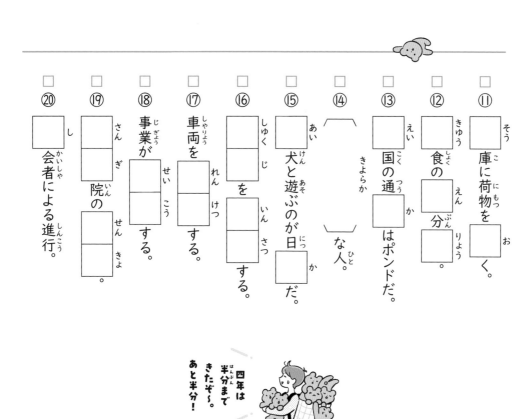

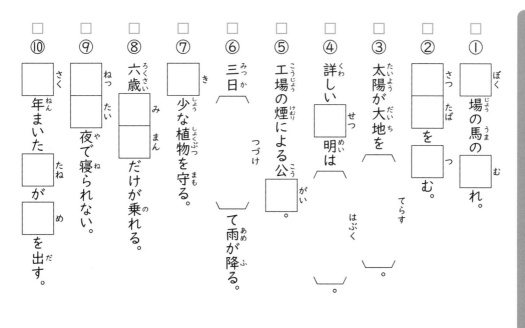

四年生の漢字

書き問題スピードチェック⑤

▼□にあてはまる漢字を書きましょう。〔　〕は送りがなも書きましょう。

① パソコンの□□□□《しゅうへんきき》。

② □□《しけん》勉強《べんきょう》に〔　〕《つとめる》。

③ □□《ふべん》な生活《せいかつ》に慣《な》れる。

④ □《ぼう》遠《えん》□《きょう》で□□《かんさつ》する。

⑤ □《こ》形《けい》の絵《え》の具《ぐ》を使《つか》う。

⑥ 箱《はこ》の□《そく》面《めん》に絵《え》を描《か》く。

⑦ □《じゅん》番《ばん》を〔　〕《おぼえる》。

⑧ 一点《いってん》□《さ》で〔　〕《やぶれる》。

⑨ メートルは長《なが》さの□□《たんい》。

⑩ □《ふく》会長《かいちょう》と□□《なかよ》くなる。

⑪ □《しょう》竹《ちく》□《ばい》でランクを表《あらわ》す。

⑫ 教《きょう》□《かん》の指《し》□《れい》に従《したが》う。

⑬ 紙《かみ》□《づつ》みを配《はい》□《たつ》する。

⑭ □《ど》力《りょく》が□□《とろう》に終《お》わる。

⑮ 〔　〕《いさましい》姿《すがた》で〔　〕《たたかう》。

⑯ 幼《おさな》い子《こ》を〔　〕《やしなう》。

⑰ 港《みなと》の□《とう》台《だい》を目《もく》□《ひょう》にして歩《ある》く。

⑱ □《ろう》人《じん》に□《せき》を譲《ゆず》る。

⑲ □《ぐん》部《ぶ》に移《うつ》り住《す》む。

⑳ 心《こころ》の中《なか》で〔　〕《となえる》。

学習日　月　日

▶▶▶ 答えは別冊12ページ

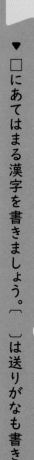

四年生の漢字

書き問題スピードチェック⑥

▼□にあてはまる漢字を書きましょう。〔　〕は送りがなも書きましょう。

学習日　月　日

□ ① 一《いっ》□《ちょう》個《こ》□《い》上《じょう》ある細胞《さいぼう》。

□ ② □《ふく》大《だい》□《じん》は□《はく》学《がく》な人《ひと》だ。

□ ③ ひなが□《す》から□《と》び立《た》つ。

□ ④ □《せき》の配《はい》□《ち》を考《かんが》える。

□ ⑤ 小《しょう》□《せつ》を□□《ようやく》する。

□ ⑥ ビンの□《そこ》が割《わ》れる。

□ ⑦ □□《けっせき》者《しゃ》の□《し》名《めい》を確認《かくにん》する。

□ ⑧ 日《ひ》に□《や》けた手《て》と足《あし》。

□ ⑨ 花《はな》で□□《きせつ》を感《かん》じる。

□ ⑩ 危険《きけん》を□《さつ》知《ち》する。

□ ⑪ 身近《みぢか》なものに〔　〕《たとえる》。

□ ⑫ □《ぶ》事《じ》を〔　〕《つたえる》。

□ ⑬ □《きょう》泳《えい》の□《せん》手《しゅ》になる。

□ ⑭ 投《とう》□《ひょう》所《じょ》は市《し》□《みん》会館《かいかん》だ。

□ ⑮ □□《ふりょう》品《ひん》を□□《せんべつ》する。

□ ⑯ 〔　〕《つめたい》□《い》戸《ど》水《みず》。

□ ⑰ 〔　〕《このみ》の味《あじ》になるよう調整《ちょうせい》する。

□ ⑱ □□□《かいりょうあん》を□《せつ》明《めい》する。

□ ⑲ □《な》いたり□《わら》ったりする。

□ ⑳ □□《せんそう》を終《お》わらせる。

答えは別冊12ページ

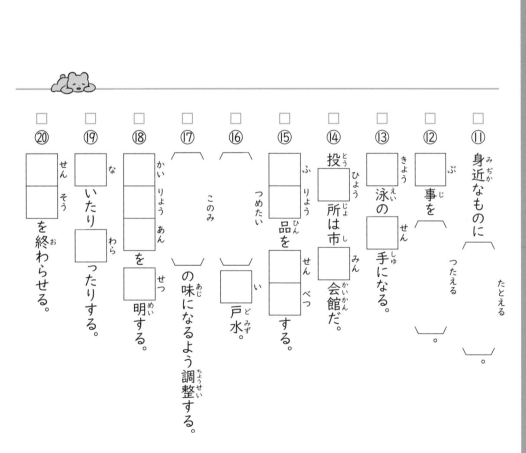

四年生の漢字

書き問題スピードチェック⑦

▼□にあてはまる漢字を書きましょう。〔　〕は送りがなも書きましょう。

□ ① 〔　　〕《かおり》のよい花《はな》□《たば》。

□ ② 勝《か》てば□□《かんぐん》。

□ ③ 一《いち》□《おく》円《えん》を〔　　〕《うしなう》。

□ ④ 川《かわ》の〔　　〕《あさい》所《ところ》で遊《あそ》ぶ。

□ ⑤ あの人《ひと》とは□□《むかん》係《けい》だ。

□ ⑥ □□《ほうれい》を〔　　〕《かたく》守《まも》る。

□ ⑦ □《ねつ》を〔　　〕《おびた》部《ぶ》分《ぶん》を〔　　〕《ひやす》。

□ ⑧ □《しゅく》日《じつ》に国《こっ》□《き》を掲《かか》げる。

□ ⑨ 賛《さん》□《せい》する人《ひと》は□《きよ》手《しゅ》する。

□ ⑩ 南《なん》□《きょく》大《たい》□《りく》の□《かん》測《そく》。

□ ⑪ □《す》きだと自《じ》□《かく》する。

□ ⑫ □《お》り紙《がみ》□《つ》き。

□ ⑬ 雑《ざっ》誌《し》の□□《ふろく》を集《あつ》める。

□ ⑭ 式《しき》□《てん》の□《さん》列者《れっしゃ》。

□ ⑮ □□《げいたつ》者《しゃ》な人《ひと》。

□ ⑯ 営業部《えいぎょうぶ》の□《か》長《ちょう》は人《じん》□《ぼう》が厚《あつ》い。

□ ⑰ 親鳥《おやどり》が□《す》に卵《たまご》を□《う》む。

□ ⑱ 寒《かん》□《れい》な気《き》□《こう》で育《そだ》つ。

□ ⑲ 入学《にゅうがく》□《がん》書《しょ》の入手方《にゅうしゅほう》□《ほう》。

□ ⑳ □《ど》力《りょく》の□《すえ》、勝《しょう》□《り》した。

学習日　月　日

▸▸▸ 答えは別冊13ページ

四年生の漢字

書き順や字形の問題

学習日　月　日

1 ▼書き順の正しい方に○を書きましょう。

□① 成
ア（　）丿 厂 万 成
イ（　）一 厂 万 成

□② 臣
ア（　）丨 厂 円 臣
イ（　）一 厂 円 臣

□③ 氏
ア（　）ノ 𠂉 氏 氏
イ（　）ノ 𠂉 氏 氏

2 ▼赤い部分は何画目に書きますか。□に数字を書きましょう。

□① 必 □
□② 包 □
□③ 希 □
□④ 以 □
□⑤ 単 □
□⑥ 輪 □

3 ▼正しい字に○を書きましょう。

□① せつ　ア（　）折　イ（　）祈
□② がわ　ア（　）測　イ（　）側
□③ し　ア（　）司　イ（　）可
□④ ふ　ア（　）不　イ（　）不
□⑤ はつ　ア（　）初　イ（　）初
□⑥ かた　ア（　）潟　イ（　）湯

4 ▼●にかくれている部分を□に書きましょう。

（例） 氣《き》 → メ
□① 散《さん》 → □
□② 唱《しょう》 → □
□③ 街《まち》 → □
□④ 類《るい》 → □
□⑤ 試《し》 → □

答えは別冊13ページ

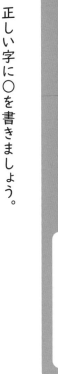

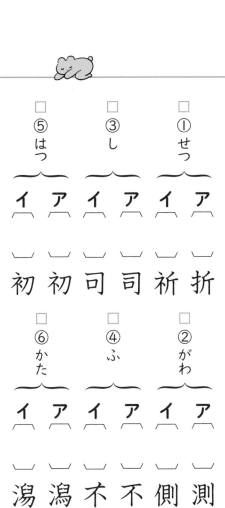

最終チェック問題③

学習日　　月　　日

1

▼次の文章を読んで、――の漢字の読みがなを書きましょう。

①神奈川県《けん》は、②静岡県《けん》、③山梨県《けん》の東《ひがし》に④位置している。有名《ゆうめい》な⑤観光地《こうち》が多《おお》く、⑥鉄道《てつどう》の便もよいため、国内外《こくないがい》からの旅行客《りょこうきゃく》が多《おお》い。また、日本《にほん》⑦最初の西洋式《せいようしき》⑧灯台《だい》など、日本《にほん》⑨初のものが多《おお》いのも⑩特徴《ちょう》である。

□①（　　）　□②（　　）
□③（　　）　□④（　　）
□⑤（　　）　□⑥（　　）
□⑦（　　）　□⑧（　　）
□⑨（　　）　□⑩（　　）

2

▼□には同じ部分をもつ漢字が入ります。□に漢字を書きましょう。

□① 金《きん》□《か》。　年《ねん》□《が》状《じょう》を送《おく》る。

□② □《さい》玉県《たまけん》と長《なが》□《さき》県《けん》。

□③ □《べつ》室《しつ》で印《いん》□《さつ》機《き》を□《り》用《よう》する。

□④ □《たね》を入《い》れた袋《ふくろ》をうずたかく□《つ》む。

□⑤ LED《エルイーディー》の□《しょう》明《めい》。□《ねつ》は□《な》い。

▸▸▸答えは別冊13ページ

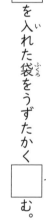

3

次の文章を読んで、——の言葉を漢字に直しましょう。

①かごしま県《けん》は、②くまもと県《けん》と③みやざき県《けん》とに接《せっ》している。④おおさかふから⑤ひ行機《こうき》で二時間《にじかん》⑥みまんで行《い》ける。南北《なんぼく》に長《なが》く、北《きた》と南《みなみ》で⑦気《き》こうが大《おお》きく異《こと》なる。主《おも》な⑧さん業《ぎょう》は農業《のうぎょう》で、サツマイモなどは収穫《しゅうかく》⑨りょう日本一《にほんいち》である。自然《しぜん》が豊《ゆた》かで、美《うつく》しい⑩けいかんを楽《たの》しめる。

□ ①〔　　〕　□ ②〔　　〕
□ ③〔　　〕　□ ④〔　　〕
□ ⑤〔　　〕　□ ⑥〔　　〕
□ ⑦〔　　〕　□ ⑧〔　　〕
□ ⑨〔　　〕　□ ⑩〔　　〕

4

□には同じ読みの漢字が入ります。□に漢字を書きましょう。

□ ① 水道《すいどう》□《かん》。　警察《けいさつ》□《かん》になる。

□ ② □《れい》蔵庫《ぞうこ》。　号《ごう》□《れい》をかける。

□ ③ 投《とう》□《ひょう》する。　今年《ことし》の目《もく》□《ひょう》。

□ ④ 徒《と》□《きょう》走《そう》。　仲間《なかま》と□《きょう》力《りょく》する。

□ ⑤ □《とく》島県《しまけん》の□《とく》さん品《ひん》。

答えは別冊13ページ

五年生の漢字

□仮 □可 □桜 □往 □応 □演 □液 □益 □易 □衛 □営 □永 □因 □移 □囲 □圧

□規 □寄 □基 □紀 □眼 □慣 □幹 □刊 □額 □確 □格 □解 □快 □過 □河 □価

□潔 □経 □型 □句 □禁 □均 □境 □許 □居 □救 □旧 □久 □逆 □義 □技 □喜

□興 □構 □鉱 □航 □耕 □厚 □効 □護 □個 □故 □減 □現 □限 □検 □険 □件

□賛 □酸 □雑 □殺 □罪 □財 □在 □際 □採 □妻 □災 □再 □査 □混 □告 □講

□修 □授 □謝 □舎 □質 □識 □似 □示 □飼 □資 □師 □枝 □志 □史 □支 □士

□性 □制 □職 □織 □情 □常 □状 □条 □賞 □象 □証 □招 □序 □準 □術 □述

□増 □像 □造 □総 □素 □祖 □絶 □設 □接 □績 □責 □税 □製 □精 □勢 □政

□適 □程 □提 □停 □張 □貯 □築 □断 □団 □態 □貸 □損 □率 □属 □測 □則

□肥 □比 □版 □判 □犯 □破 □能 □燃 □任 □独 □毒 □得 □導 □銅 □堂 □統

□墓 □保 □弁 □編 □粉 □仏 □複 □復 □武 □婦 □布 □貧 □評 □備 □費 □非

□領 □留 □略 □容 □余 □輸 □綿 □迷 □夢 □務 □脈 □暴 □貿 □防 □豊 □報

□歴

五年生の漢字

読み問題スピードチェック①

▼声に出して読みましょう。

□ ① 地球《ちきゅう》の**歴史**を学《まな》ぶ。
□ ② 立《た》ち入《い》りを**禁**止《し》する。
□ ③ **弁護士**になる**夢**。
□ ④ **賞状**をもらう。
□ ⑤ **現在**は使用不《しようふ》**可能**だ。
□ ⑥ 不意《ふい》の**報告**に**絶句**する。
□ ⑦ **往**来《らい》が多《おお》い道路《どうろ》。
□ ⑧ 映画《えいが》の**評判**を聞《き》く。
□ ⑨ **犯罪**を予《よ》**防**する。
□ ⑩ 砂糖《さとう》を**精製**する。
□ ⑪ 指先《ゆびさき》を消《しょう》**毒**する。
□ ⑫ 外国《がいこく》と**貿易**する。
□ ⑬ 荷物《にもつ》に**制限**がある。
□ ⑭ **鉱脈**を発見《はっけん》する。
□ ⑮ **圧**力《りょく》をかける。

答え

① ちきゅうのれきしをまなぶ。
② たちいりをきんしする。
③ べんごしになるゆめ。
④ しょうじょうをもらう。
⑤ げんざいはしようふかのうだ。
⑥ ふいのほうこくにぜっくする。
⑦ おうらいがおおいどうろ。
⑧ えいがのひょうばんをきく。
⑨ はんざいをよぼうする。
⑩ さとうをせいせいする。
⑪ ゆびさきをしょうどくする。
⑫ がいこくとぼうえきする。
⑬ にもつにせいげんがある。
⑭ こうみゃくをはっけんする。
⑮ あつりょくをかける。

□ ⑯ **永久**に光《ひか》り続《つづ》ける。
□ ⑰ **仮**説《せつ》を**検証**する。
□ ⑱ 校《こう》**舎**の三階《さんがい》。
□ ⑲ **修**学旅行《がくりょこう》のお土産《みやげ》。
□ ⑳ **可能性**は捨《す》て切《き》れない。
□ ㉑ 漢字《かんじ》の**復**習《しゅう》をする。
□ ㉒ 答《こた》えを記《き》**述**する。
□ ㉓ 祝賀会《しゅくがかい》に**招**待《たい》する。
□ ㉔ 機器《きき》を**接**続《ぞく》する。
□ ㉕ **採**点結果《てんけっか》を待《ま》つ。
□ ㉖ **構造**を理《り》**解**する。
□ ㉗ ゲームで**武**器《き》を買《か》う。
□ ㉘ **独**特《とく》の感覚《かんかく》。
□ ㉙ イギリスに**留**学《がく》する。
□ ㉚ 雨《あめ》の降《ふ》る**確率**が高《たか》い。

答え

⑯ えいきゅうにひかりつづける。
⑰ かせつをけんしょうする。
⑱ こうしゃのさんがい。
⑲ しゅうがくりょこうのおみやげ。
⑳ かのうせいはすてきれない。
㉑ かんじのふくしゅうをする。
㉒ こたえをきじゅつする。
㉓ しゅくがかいにしょうたいする。
㉔ ききをせつぞくする。
㉕ さいてんけっかをまつ。
㉖ こうぞうをりかいする。
㉗ ゲームでぶきをかう。
㉘ どくとくのかんかく。
㉙ イギリスにりゅうがくする。
㉚ あめのふるかくりつがたかい。

学習日
月
日

五年生の漢字

読み問題スピードチェック②

▼声に出して読みましょう。

□ ① **液**体《たい》の**肥**料《りょう》をまく。
□ ② 芸《げい》**能**界《かい》に**興**味《み》がある。
□ ③ **複雑**な仕《し》組《く》み。
□ ④ チームを**解**散《さん》する。
□ ⑤ **規則**は必《かなら》ず守《まも》る。
□ ⑥ 先生《せんせい》に**許可**をもらう。
□ ⑦ 空調《くうちょう》**設備**が整《ととの》う。
□ ⑧ 教《きょう》**授**による**講演**会《かい》。
□ ⑨ 印《いん》**象**に残《のこ》る絵《え》。
□ ⑩ うさぎを**飼**育《いく》する。
□ ⑪ **仏**教《きょう》のお寺《てら》の**墓**地《ち》。
□ ⑫ 周《しゅう》**囲**を見回《みまわ》す。
□ ⑬ 体育館《たいいくかん》に**移**動《どう》する。
□ ⑭ 原《げん》**因**を究明《きゅうめい》する。
□ ⑮ 朝《あさ》まで**営**業《ぎょう》する店《みせ》。

答え

① えきたいのひりょうをまく。
② げいのうかいにきょうみがある。
③ ふくざつなしくみ。
④ チームをかいさんする。
⑤ きそくはかならずまもる。
⑥ せんせいにきょかをもらう。
⑦ くうちょうせつびがととのう。
⑧ きょうじゅによるこうえんかい。
⑨ いんしょうにのこるえ。
⑩ うさぎをしいくする。
⑪ ぶっきょうのおてらのぼち。
⑫ しゅういをみまわす。
⑬ たいいくかんにいどうする。
⑭ げんいんをきゅうめいする。
⑮ あさまでえいぎょうするみせ。

□ ⑯ 人工《じんこう》**衛**星《せい》の打《う》ち上《あ》げ。
□ ⑰ **過**去《こ》最高《さいこう》の利《り》**益**が出《で》る。
□ ⑱ ノックに**応**答《とう》する。
□ ⑲ 運《うん》**河**に**囲**まれた街《まち》。
□ ⑳ 他店《たてん》より安《やす》い**価格**。
□ ㉑ 文章《ぶんしょう》の**構**成《せい》。
□ ㉒ **快適**な部屋《へや》で**過**ごす。
□ ㉓ **過程**を省《しょう》**略**する。
□ ㉔ 正《ただ》しい金《きん》**額**を求《もと》める。
□ ㉕ 月《げっ》**刊**誌《し》を読《よ》む。
□ ㉖ **幹**部《ぶ》と面《めん》**接**する。
□ ㉗ 集《しゅう》**団**生活《せいかつ》に**慣**れる。
□ ㉘ **眼**科《か》で手《しゅ》**術**する。
□ ㉙ 二十一世《にじゅういっせい》**紀**の社会《しゃかい》。
□ ㉚ **寄**生虫《せいちゅう》が見《み》つかる。

答え

⑯ じんこうえいせいのうちあげ。
⑰ かこさいこうのりえきがでる。
⑱ ノックにおうとうする。
⑲ うんがにかこまれたまち。
⑳ たてんよりやすいかかく。
㉑ ぶんしょうのこうせい。
㉒ かいてきなへやですごす。
㉓ かていをしょうりゃくする。
㉔ ただしいきんがくをもとめる。
㉕ げっかんしをよむ。
㉖ かんぶとめんせつする。
㉗ しゅうだんせいかつになれる。
㉘ がんかでしゅじゅつする。
㉙ にじゅういっせいきのしゃかい。
㉚ きせいちゅうがみつかる。

学習日　月　日

五年生の漢字

読み問題スピードチェック③

▼声に出して読みましょう。

□ ① 秘密《ひみつ》の**基**地《ち》を作《つく》る。
□ ② 合《ごう》**格**して**喜**ぶ。
□ ③ 楽器《がっき》の**演**奏《そう》が特《とく》**技**だ。
□ ④ 正《せい》**義**の味方《みかた》の登場《とうじょう》。
□ ⑤ 形《けい》**勢**が**逆**転《てん》する。
□ ⑥ **旧型**の機械《きかい》を替《か》える。
□ ⑦ 国《くに》の**救**世主《せいしゅ》とされる。
□ ⑧ **居**心地《ごこち》が良《よ》い。
□ ⑨ **境**目《め》に白線《はくせん》を引《ひ》く。
□ ⑩ 百円《ひゃくえん》**均**一《いっ》の店《みせ》。
□ ⑪ 良《よ》い**経**験《けん》になった。
□ ⑫ 清《せい》**潔**な**布**で拭《ふ》く。
□ ⑬ 教《きょう》**師**を**夢**見《み》て学《まな》ぶ。
□ ⑭ **険**しい山《やま》に登《のぼ》る。
□ ⑮ 厳《きび》しい**条件**を出《だ》す。

答え

① ひみつのきちをつくる。
② ごうかくしてよろこぶ。
③ がっきのえんそうがとくぎだ。
④ せいぎのみかたのとうじょう。
⑤ けいせいがぎゃくてんする。
⑥ きゅうがたのきかいをかえる。
⑦ くにのきゅうせいしゅとされる。
⑧ いごこちがよい。
⑨ さかいめにはくせんをひく。
⑩ ひゃくえんきんいつのみせ。
⑪ よいけいけんになった。
⑫ せいけつなぬのでふく。
⑬ きょうしをゆめみてまなぶ。
⑭ けわしいやまにのぼる。
⑮ きびしいじょうけんをだす。

□ ⑯ **領**土《ど》を**支**配《はい》する。
□ ⑰ **個**別《べつ》に指《し》**導**する。
□ ⑱ **効**果《か》が**減**少《しょう》する。
□ ⑲ **弁**当《とう》を食《た》べる。
□ ⑳ 毎朝《まいあさ》、畑《はたけ》を**耕**す。
□ ㉑ 人々《ひとびと》が**混**乱《らん》する。
□ ㉒ **検査**結果《けっか》が気《き》になる。
□ ㉓ **過**去《こ》の大《おお》きな**災**害《がい》。
□ ㉔ 顔《かお》のよく**似**た夫《ふ》**妻**。
□ ㉕ 実《じっ》**際**に試《ため》してみる。
□ ㉖ **豊**富《ふ》な知《ち》**識**。
□ ㉗ ビンを**再**利用《りよう》する。
□ ㉘ **殺**人事《じんじ》**件**の**容**疑者《ぎしゃ》。
□ ㉙ 赤《あか》い色《いろ》で表《ひょう》**示**する。
□ ㉚ **賛**成《せい》の人《ひと》は挙手《きょしゅ》する。

答え

⑯ りょうどをしはいする。
⑰ こべつにしどうする。
⑱ こうかがげんしょうする。
⑲ べんとうをたべる。
⑳ まいあさ、はたけをたがやす。
㉑ ひとびとがこんらんする。
㉒ けんさけっかがきになる。
㉓ かこのおおきなさいがい。
㉔ かおのよくにたふさい。
㉕ じっさいにためしてみる。
㉖ ほうふなちしき。
㉗ ビンをさいりようする。
㉘ さつじんじけんのようぎしゃ。
㉙ あかいいろでひょうじする。
㉚ さんせいのひとはきょしゅする。

学習日
月
日

五年生の漢字

読み問題スピードチェック④

▼声に出して読みましょう。

□ ① 交通事《こうつうじ》**故**に注意《ちゅうい》する。
□ ② 日本画家《にほんがか》を**志**望《ぼう》する。
□ ③ **資**産家《さんか》の**財**産《さん》。
□ ④ **酸性**とアルカリ**性**。
□ ⑤ **常識**を見直《みなお》す。
□ ⑥ 教《きょう》**授**に**質**問《もん》する。
□ ⑦ 感《かん》**謝**の気持《きも》ちを**示**す。
□ ⑧ **貸**し借《か》りは**禁**止《し》する。
□ ⑨ **桜**の木《き》の**枝**を折《お》る。
□ ⑩ 明日《あす》の**準備**をする。
□ ⑪ 書店《しょてん》に立《た》ち**寄**る。
□ ⑫ **情勢**が変化《へんか》する。
□ ⑬ **職**員室《いんしつ》で話《はな》す。
□ ⑭ **政**治《じ》**団**体《たい》に所《しょ》**属**する。
□ ⑮ 山道《やまみち》で**迷**う。

答え

① こうつうじこにちゅういする。
② にほんがかをしぼうする。
③ しさんかのざいさん。
④ さんせいとアルカリせい。
⑤ じょうしきをみなおす。
⑥ きょうじゅにしつもんする。
⑦ かんしゃのきもちをしめす。
⑧ かしかりはきんしする。
⑨ さくらのきのえだをおる。
⑩ あすのじゅんびをする。
⑪ しょてんにたちよる。
⑫ じょうせいがへんかする。
⑬ しょくいんしつではなす。
⑭ せいじだんたいにしょぞくする。
⑮ やまみちでまよう。

□ ⑯ **税**金《きん》を正《ただ》しく**納**《おさ》める。
□ ⑰ **責任**を取《と》り辞《じ》**職**する。
□ ⑱ 算数《さんすう》の成《せい》**績**が上《あ》がる。
□ ⑲ **祖**父母《ふぼ》の家《いえ》に行《い》く。
□ ⑳ 小説家《しょうせつか》の**素質**がある。
□ ㉑ **総**力《りょく》を結集《けっしゅう》する。
□ ㉒ 人口《じんこう》が**増**加《か》する。
□ ㉓ 創立者《そうりつしゃ》の**銅像**。
□ ㉔ 天体観《てんたいかん》**測**をする。
□ ㉕ 早起《はやお》きの習《しゅう》**慣**。
□ ㉖ 火《か》**災**で**損**害《がい》を受《う》ける。
□ ㉗ 悪《わる》い**態**度《ど》を改《あらた》める。
□ ㉘ 吹奏楽《すいそうがく》**団**に入《はい》る。
□ ㉙ **潔**白《ぱく》だと**断**言《げん》する。
□ ㉚ 建《けん》**築**家《か》の建《た》てた家《いえ》。

答え

⑯ ぜいきんをただしくおさめる。
⑰ せきにんをとりじしょくする。
⑱ さんすうのせいせきがあがる。
⑲ そふぼのいえにいく。
⑳ しょうせつかのそしつがある。
㉑ そうりょくをけっしゅうする。
㉒ じんこうがぞうかする。
㉓ そうりつしゃのどうぞう。
㉔ てんたいかんそくをする。
㉕ はやおきのしゅうかん。
㉖ かさいでそんがいをうける。
㉗ わるいたいどをあらためる。
㉘ すいそうがくだんにはいる。
㉙ けっぱくだとだんげんする。
㉚ けんちくかのたてたいえ。

学習日
月
日

五年生の漢字

読み問題スピードチェック⑤

▼声に出して読みましょう。

□ ① 貯金《きん》が**増**える。
□ ② 意見《いけん》を主《しゅ》**張**する。
□ ③ **停留**所《じょ》でバスを待《ま》つ。
□ ④ 五分《ごふん》**程**度《ど》遅《おく》れる。
□ ⑤ 書類《しょるい》を**提**出《しゅつ》する。
□ ⑥ **適**当《とう》に返事《へんじ》をする。
□ ⑦ 組《そ》**織**を**統**合《ごう》する。
□ ⑧ 国会議事《こっかいぎじ》**堂**の見学《けんがく》。
□ ⑨ 青《せい》**銅**でできた大《だい》**仏**。
□ ⑩ **航**海《かい》を成功《せいこう》に**導**く。
□ ⑪ 歌《うた》うことが**得**意《い》だ。
□ ⑫ **編**集長《しゅうちょう》に**任**命《めい》する。
□ ⑬ 不《ふ》**燃**ごみと**可燃**ごみ。
□ ⑭ **破損**した本《ほん》の**修**理《り》。
□ ⑮ **政**治《じ》の本《ほん》を出《しゅつ》**版**する。

答え

① ちょきんがふえる。
② いけんをしゅちょうする。
③ ていりゅうじょでバスをまつ。
④ ごふんていどおくれる。
⑤ しょるいをていしゅつする。
⑥ てきとうにへんじをする。
⑦ そしきをとうごうする。
⑧ こっかいぎじどうのけんがく。
⑨ せいどうでできただいぶつ。
⑩ こうかいをせいこうにみちびく。
⑪ うたうことがとくいだ。
⑫ へんしゅうちょうににんめいする。
⑬ ふねんごみとかねんごみ。
⑭ はそんしたほんのしゅうり。
⑮ せいじのほんをしゅっぱんする。

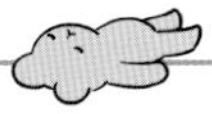

□ ⑯ **輸**入《にゅう》と**輸**出《しゅつ》の**比率**。
□ ⑰ **非常識**な行《おこな》い。
□ ⑱ かかる**費**用《よう》の算出《さんしゅつ》。
□ ⑲ **貧**乏《ぼう》くじを引《ひ》く。
□ ⑳ **婦**人《じん》服《ふく》売《う》り場《ば》で働《はたら》く。
□ ㉑ 小麦《こむぎ》**粉**を練《ね》る。
□ ㉒ **余**計《けい》なことを言《い》う。
□ ㉓ 生命《せいめい》**保険**に入《はい》る。
□ ㉔ **綿**の入《はい》った**厚**手《で》の服《ふく》。
□ ㉕ **暴**力《りょく》に反対《はんたい》する。
□ ㉖ 代理人《だいりにん》を**務**める。
□ ㉗ 順《じゅん》**序**よく進《すす》める。
□ ㉘ **快**い返事《へんじ》をする。
□ ㉙ 主語《しゅご》と**述**語《ご》。
□ ㉚ 青雲《せいうん》の**志**。

答え

⑯ ゆにゅうとゆしゅつのひりつ。
⑰ ひじょうしきなおこない。
⑱ かかるひようのさんしゅつ。
⑲ びんぼうくじをひく。
⑳ ふじんふくうりばではたらく。
㉑ こむぎこをねる。
㉒ よけいなことをいう。
㉓ せいめいほけんにはいる。
㉔ わた(めん)のはいったあつでのふく。
㉕ ぼうりょくにはんたいする。
㉖ だいりにんをつとめる。
㉗ じゅんじょよくすすめる。
㉘ こころよいへんじをする。
㉙ しゅごとじゅつご。
㉚ せいうんのこころざし。

学習日　月　日

五年生の漢字

書き問題スピードチェック①

▼□にあてはまる漢字を書きましょう。〔　〕は送りがなも書きましょう。

□ ① □《えい》業《ぎょう》を□《さい》開《かい》する。

□ ② □《し》願者《がんしゃ》の□《てき》□《せい》を□《けん》□《さ》する。

□ ③ □《ぎ》□《じゅつ》を〔　　〕《ひとり》占《じ》めにする。 ※「一」ではない字を使って書こう。

□ ④ 曖昧《あいまい》な□《きょう》界線《かいせん》。

□ ⑤ □《ちょ》金《きん》を□《き》付《ふ》する。

□ ⑥ □《せい》神《しん》を□《とう》一《いっ》する。

□ ⑦ 駅《えき》の□《こう》内《ない》で〔　　〕《まよう》。

□ ⑧ 金魚《きんぎょ》を□《し》育《いく》する。

□ ⑨ 絵《え》の□《ふく》□《せい》を□《きん》止《し》する。

□ ⑩ 法律《ほうりつ》が公《こう》□《ふ》される。

□ ⑪ □《に》たり□《よ》ったり。

□ ⑫ □《さい》□《げん》なく広《ひろ》がる海《うみ》。

□ ⑬ カナダに□《りゅう》学《がく》する。

□ ⑭ 友人《ゆうじん》に新《しん》□《かん》の小説《しょうせつ》を□《か》す。

□ ⑮ 電車内《でんしゃない》は□《こん》□《ざつ》している。

□ ⑯ 漢字《かんじ》を覚《おぼ》えるのは□《よう》□《い》だ。

□ ⑰ □《ぜっ》対的《たいてき》な□《はん》□《だん》を下《くだ》す。

□ ⑱ □《し》本主《ほんしゅ》□《ぎ》の時代《じだい》。

□ ⑲ □《じょう》に〔　　〕《あつい》友《とも》を持《も》つ。

□ ⑳ □《ぜい》金《きん》を正《ただ》しく納《おさ》める。

学習日　月　日

▶▶▶ 答えは別冊14ページ

五年生の漢字

書き問題スピードチェック②

▼□にあてはまる漢字を書きましょう。〔　〕は送りがなも書きましょう。

学習日　月　日

□ ① 考《かんが》え方《かた》に□《さん》同《どう》する。

□ ② 学問《がくもん》を〔おさめる〕。

□ ③ 集《しゅう》□《だん》行動《こうどう》と連帯《れんたい》□《せき》□《にん》。

□ ④ 両者《りょうしゃ》を対《たい》□《ひ》する。

□ ⑤ □《こ》意《い》と□《か》失《しつ》。

□ ⑥ 自然界《しぜんかい》の□《げん》□《しょう》。

□ ⑦ 人《じん》□《みゃく》を〔きずき〕上《あ》げる。

□ ⑧ 夫《ふう》□《ふ》で〔ささえ〕合《あ》う。

□ ⑨ 台風《たいふう》が□《せい》力《りょく》を弱《よわ》める。

□ ⑩ □《か》去《こ》の業《ぎょう》□《せき》。

□ ⑪ □《しょく》□《む》を果《は》たす。

□ ⑫ □《さつ》人事《じんじ》□《けん》を□《かい》決《けつ》する。

□ ⑬ □《き》行文《こうぶん》を出《しゅっ》□《ぱん》する。

□ ⑭ 固体《こたい》が□《えき》体《たい》に変《か》わる。

□ ⑮ 旅行《りょこう》の日《にっ》□《てい》を決《き》める。

□ ⑯ 太平洋《たいへいよう》□《こう》海《かい》の□《ゆめ》。

□ ⑰ □《きゅう》石器時代《せっきじだい》の遺跡《いせき》の発見者《はっけんしゃ》。

□ ⑱ 中国《ちゅうごく》との□《ぼう》□《えき》が盛《さか》んだ。

□ ⑲ 健康《けんこう》の□《じょう》□《たい》を調《しら》べる。

□ ⑳ 清《せい》□《けつ》な環《かん》□《きょう》に〔なれる〕。

▸▸▸ 答えは別冊14ページ

五年生の漢字

書き問題スピードチェック③

▼□にあてはまる漢字を書きましょう。〔　〕は送りがなも書きましょう。

① □《ざい》宅《たく》で□《じゅ》業《ぎょう》を受《う》ける。

② □□《ぶし》の□□《れきし》を学《まな》ぶ。

③ 新《しん》□《かん》線《せん》で□《い》動《どう》する。

④ 小説《しょうせつ》の□《どう》入部分《にゅうぶぶん》。

⑤ □《へん》集者《しゅうしゃ》を〔こころざす〕。

⑥ 大《おお》□《がた》の電気《でんき》□《せい》品《ひん》を開発《かいはつ》する。

⑦ 家《いえ》と学校《がっこう》との□□《おうふく》。

⑧ □《つま》の実直《じっちょく》な□□《せいかく》。

⑨ 平《へい》□《きん》値《ち》と中央値《ちゅうおうち》。

⑩ □□《げんじょう》に満足《まんぞく》していない。

⑪ 答《こた》えを〔のべる〕。

⑫ その男《おとこ》の言動《げんどう》に□《きょう》がさめる。

⑬ □《ぬの》が〔やぶれる〕。

⑭ データを□□□《えいきゅうほ》存《ぞん》する。

⑮ 首相《しゅしょう》を□□《ごえい》する。

⑯ □《どう》は熱《ねつ》を伝《つた》える金《きん》□《ぞく》だ。

⑰ □《こう》果《か》を□《そく》定《てい》する。

⑱ □《けん》悪《あく》な雰《ふん》□《い》気《き》。

⑲ 入試《にゅうし》□《せい》度《ど》を見直《みなお》す。

⑳ 身《み》の□《けつ》白《ぱく》を□《しょう》明《めい》する。

学習日
月
日

答えは別冊14ページ

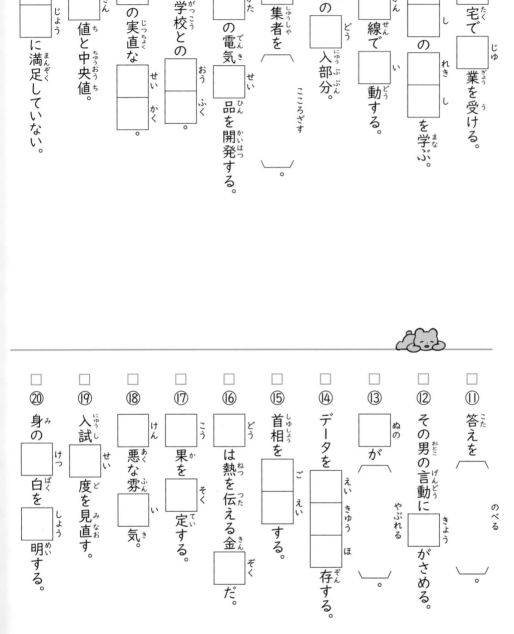

五年生の漢字

書き問題スピードチェック④

▼□にあてはまる漢字を書きましょう。〔　〕は送りがなも書きましょう。

① □《ぼう》力《りょく》を□《ゆる》さない。

② 二人《ふたり》の力関係《ちからかんけい》は□《ぎゃく》転《てん》した。

③ □《そう》合的《ごうてき》に□□《はんだん》する。

④ □□《こうどう》に集《あつ》まる。

⑤ □《じょう》例《れい》により□《きん》止《し》される。

⑥ 納《のう》□《ぜい》は国民《こくみん》の□□《ぎむ》だ。

⑦ 犬《いぬ》が□《きゅう》出《しゅつ》されて〔よろこぶ〕。

⑧ □□《ひじょう》口《ぐち》の場所《ばしょ》を〔たしかめる〕。

⑨ エアコンを□□《ぞうせつ》する□《ひ》用《よう》。

⑩ 鎌倉時代《かまくらじだい》の□□《ぶつぞう》。

⑪ □《そ》父母《ふぼ》と同《どう》□《きょ》する。

⑫ ダムの□《ちょ》水《すい》□《りつ》が下《さ》がる。

⑬ □□□《べんごし》と面《めん》□《せつ》する。

⑭ 文化《ぶんか》□《ざい》建《けん》□《ぞう》物《ぶつ》を見学《けんがく》する。

⑮ 食中《しょくちゅう》□《どく》を〔ふせぐ〕。

⑯ □《ひ》料《りょう》をまいた畑《はたけ》を〔たがやす〕。

⑰ 魚《うお》の水《みず》を□《え》たるがごとし。

⑱ さんまは目黒《めぐろ》に〔かぎる〕。

⑲ 人気《にんき》の要《よう》□《いん》は品《ひん》□《しつ》の高《たか》さだ。

⑳ 大臣《だいじん》の意向《いこう》に〔さからう〕。

学習日
月
日

答えは別冊14ページ

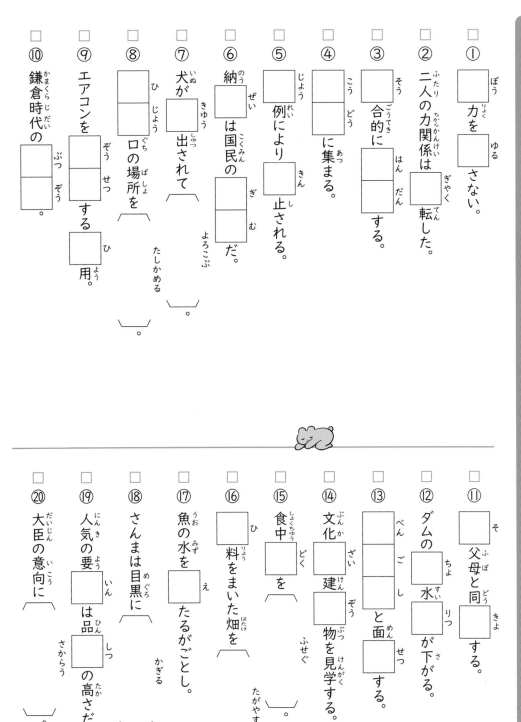

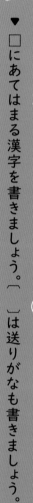

五年生の漢字

書き問題スピードチェック⑤

▼□にあてはまる漢字を書きましょう。〔　〕は送りがなも書きましょう。

学習日　月　日

□ ① 軍隊《ぐんたい》を〔　　〕《ひきいる》。

□ ② 平《へい》□□□《きんかかく》の推《すい》□《い》。

□ ③ □《けい》験《けん》が物《もの》を言《い》う仕事《しごと》。

□ ④ まだ□□《かくしょう》が□《え》られない。

□ ⑤ □《せい》府《ふ》から□□《しょうじょう》をもらう。

□ ⑥ □□《ていじ》された金《きん》□《がく》を払《はら》う。

□ ⑦ □□《きじゅん》となる線《せん》を決《き》める。

□ ⑧ □《さい》害《がい》に遭《あ》った土地《とち》の□□《ふっこう》。

□ ⑨ 陸上《りくじょう》などの□《こ》人競《じんきょう》□《ぎ》を好《この》む。

□ ⑩ 物語《ものがたり》はまだ□《じょ》章《しょう》だ。

□ ⑪ □《はん》人《にん》の計《けい》□《りゃく》にはまる。

□ ⑫ 無《む》□《ざい》を主《しゅ》□《ちょう》する。

□ ⑬ 自動車《じどうしゃ》の□□《せいげん》速度《そくど》を守《まも》る。

□ ⑭ 横《おう》□《だん》歩道《ほどう》で一時《いちじ》□《てい》止《し》する。

□ ⑮ 看《かん》□□《ごし》が□《みゃく》をとる。

□ ⑯ □《えい》利《り》□《だん》体《たい》の□□《ざいせい》。

□ ⑰ 答《こた》えを鉛筆《えんぴつ》で〔　　〕《かこむ》。

□ ⑱ 小《ちい》さな□《ざつ》貨店《かてん》を〔　　〕《いとなむ》。

□ ⑲ 病気《びょうき》が□《かい》方《ほう》に向《む》かう。

□ ⑳ □《さくら》の花《か》□《ふん》を□《さい》取《しゅ》する。

▸▸▸ 答えは別冊14ページ

五年生の漢字

書き問題スピードチェック⑥

▼□にあてはまる漢字を書きましょう。〔　〕は送りがなも書きましょう。

① 一定《いってい》の□《あつ》力《りょく》を〔　〕《たもつ》。

② 毛糸《けいと》のセーターを□《あ》む。

③ 手《しゅ》□《じゅつ》は成功《せいこう》した。

④ 多少《たしょう》のミスは□□《きょよう》される。

⑤ 早起《はやお》きが習《しゅう》□《かん》になって〔　〕《ひさしい》。

⑥ 無《む》□《だん》欠席《けっせき》を□□《しゃざい》する。

⑦ 北方《ほっぽう》□《りょう》土《ど》における□□《きそく》。

⑧ 中国《ちゅうごく》の黄《こう》□《が》。

⑨ 芸《げい》□《じゅつ》点《てん》を□□《ひょうか》する。

⑩ □□《しっそ》な生活《せいかつ》。

⑪ 期待《きたい》に〔　〕《こたえる》。

⑫ フェリーで□《こう》海《かい》する。

⑬ 無《む》□《げん》の□□□《かのうせい》。

⑭ 校《こう》□《しゃ》の外《そと》で□《じゅ》業《ぎょう》をする。

⑮ 地震《じしん》に〔　〕《そなえる》。

⑯ 太《ふと》い□《みき》から伸《の》びた□《えだ》。

⑰ 俳《はい》□《く》と短歌《たんか》の違《ちが》い。

⑱ 夕食会《ゆうしょくかい》に□《しょう》待《たい》する。

⑲ 短気《たんき》は□《そん》気《き》。

⑳ □《いん》果《が》□□《おうほう》。

学習日　月　日

答えは別冊14ページ

五年生の漢字

書き問題スピードチェック⑦

▼□にあてはまる漢字を書きましょう。〔　〕は送りがなも書きましょう。

□ ① □《めん》□《おり》物《もの》を□《ゆ》入《にゅう》する。

□ ② マスコミに□《じょう》□《ほう》が□《よ》せられる。

□ ③ □《か》面《めん》をつけた男《おとこ》。

□ ④ □《しゅう》学旅行《がくりょこう》の□《じゅん》□《び》。

□ ⑤ 有《ゆう》□《どく》な□《さん》□《せい》の□《えき》体《たい》。

□ ⑥ 〔　〕《まずしい》家庭《かてい》から出世《しゅっせ》する。

□ ⑦ 母《はは》は□《がん》科《か》の医《い》□《し》だ。

□ ⑧ □《こう》山《ざん》で□《どう》を□《と》る。

□ ⑨ 事《じ》□《こ》を□《ぼう》止《し》する。

□ ⑩ 火事《かじ》で建物《たてもの》が〔　〕《もえる》。

□ ⑪ □《ほう》富《ふ》な知《ち》□《しき》を仕事《しごと》に生《い》かす。

□ ⑫ □《よ》談《だん》はさておき。

□ ⑬ 出《しゅっ》□《ぱん》物《ぶつ》を毎月《まいつき》□《かん》行《こう》する。

□ ⑭ 先《せん》□《ぞ》の□《はか》に菊《きく》を手向《たむ》ける。

□ ⑮ □《どく》□《えん》会《かい》に〔　〕《まねか》れる。

□ ⑯ そのコンビは□《かい》散《さん》した。

□ ⑰ 昨年《さくねん》より利《り》□《えき》が□《へ》る。

□ ⑱ □《かん》部《ぶ》に□《ほう》□《こく》する。

□ ⑲ 地図《ちず》の□《げん》□《ざい》地《ち》。

□ ⑳ 晴《せい》□《こう》雨《う》読《どく》。

学習日

月　日

▸▸▸ 答えは別冊15ページ

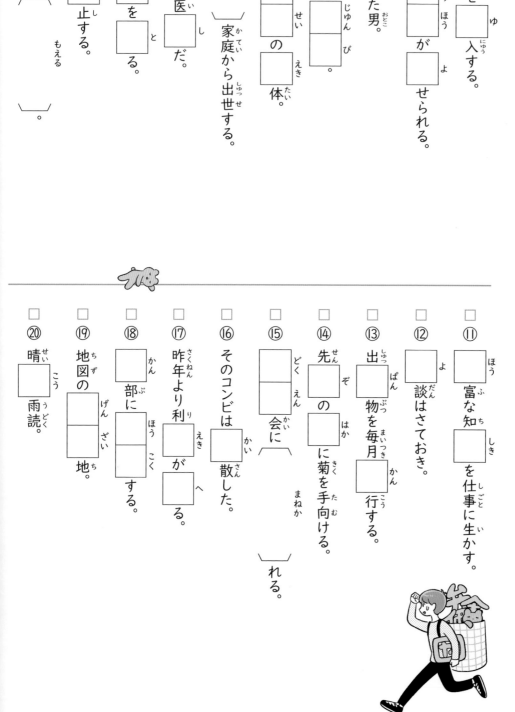

五年生の漢字

書き順や字形の問題

1 ▼書き順の正しい方に○を書きましょう。

□① 比　ア（　）ㇾ ヒ 比 比　イ（　）- ヒ 比 比

□② 武　ア（　）二 弋 弌 武 武　イ（　）二 丅 下 武 武

□③ 布　ア（　）ノ ナ 𠂇 右 布　イ（　）一 ナ 𠂇 右 布

2 ▼赤い部分は何画目に書きますか。□に数字を書きましょう。

□① 妻 □

□② 率 □

□③ 紀 □

□④ 興 □

□⑤ 造 □

□⑥ 幹 □

3 ▼正しい字に○を書きましょう。

□① えき　ア（　）易　イ（　）易

□② こう　ア（　）耕　イ（　）耕

□③ たい　ア（　）態　イ（　）熊

□④ ぼう　ア（　）暴　イ（　）暴

□⑤ く　ア（　）句　イ（　）旬

□⑥ えい　ア（　）永　イ（　）氷

4 ▼●にかくれている部分を□に書きましょう。

（例） 気　き　→ メ

□① 勢　いきお（い）　□

□② 引　は（る）　□

□③ 罪　つみ　□

□④ 酸　さん　□

□⑤ 備　び　□

学習日　月　日

▸▸▸ 答えは別冊15ページ

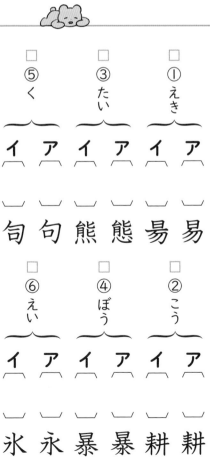

最終チェック問題④

学習日　月　日

1 次の文章を読んで、――の漢字の読みがなを書きましょう。

先生《せんせい》の指《し》導①により、野球《やきゅう》の大会《たいかい》で準②優《ゆう》勝《しょう》という過③去《こ》最《さい》高《こう》の成《せい》績④を残《のこ》すことができた。賞状⑤をもらい、先生《せんせい》を囲⑥んで、喜⑦んだ。もっと守《しゅ》備⑧を練習《れんしゅう》してミスを減⑨らし、来年《らいねん》は絶⑩対《たい》に優《ゆう》勝《しょう》したい。

□ ①（　　）　□ ②（　　）
□ ③（　　）　□ ④（　　）
□ ⑤（　　）　□ ⑥（　　）
□ ⑦（　　）　□ ⑧（　　）
□ ⑨（　　）　□ ⑩（　　）

2 □には同じ部分をもつ漢字が入ります。□に漢字を書きましょう。

□ ① □《ふく》数《すう》の教科《きょうか》を□《ふく》習《しゅう》する。

□ ② □《せい》神統一《しんとういつ》。□《じょう》熱《ねつ》をこめる。

□ ③ □《つま》と□《さくら》を見《み》る。

□ ④ □《げん》在《ざい》の□《き》則《そく》をたしかめる。

□ ⑤ □《おり》物《もの》□《しょく》人《にん》の知《ち》□《しき》。

▶▶▶ 答えは別冊15ページ

3 次の文章を読んで、――の言葉を漢字に直しましょう。

先日《せんじつ》、私《わたし》は①れきし博物館《はくぶつかん》を訪《おとず》れた。博物館《はくぶつかん》には、古代《こだい》の遺跡《いせき》から近代《きんだい》の②ぎじゅつまで、さまざまな③し料《りょう》が展《てん》④じされていた。私《わたし》は、古代《こだい》の⑤ぜいの⑥せい度《ど》や中世《ちゅうせい》の⑦ぼうえき、戦国《せんごく》⑧ぶ将《しょう》の⑨せい力図《りょくず》に⑩きょう味津々《みしんしん》だった。

□ ①（　　）　□ ②（　　）
□ ③（　　）　□ ④（　　）
□ ⑤（　　）　□ ⑥（　　）
□ ⑦（　　）　□ ⑧（　　）
□ ⑨（　　）　□ ⑩（　　）

4 □には同じ読みの漢字が入ります。□に漢字を書きましょう。

□ ① アフリカ□《ぞう》の銅《どう》□《ぞう》を建《た》てる。

□ ② □《し》育員《いくいん》を□《し》望《ぼう》する。

□ ③ □《こう》堂《どう》の□《こう》造《ぞう》を分析《ぶんせき》する。

□ ④ 彼女《かのじょ》が人《じん》□《かく》者《しゃ》であると□《かく》信《しん》した。

□ ⑤ □《はん》人《にん》が□《はん》明《めい》する。

答えは別冊15ページ

六年生の漢字

□株 □割 □閣 □革 □拡 □灰 □我 □恩 □沿 □延 □映 □宇 □域 □遺 □異 □胃

□系 □筋 □勤 □郷 □胸 □供 □吸 □疑 □貴 □揮 □机 □危 □簡 □看 □巻 □干

□孝 □后 □誤 □呼 □己 □厳 □源 □憲 □権 □絹 □券 □穴 □激 □劇 □警 □敬

□至 □蚕 □冊 □策 □裁 □済 □座 □砂 □困 □骨 □穀 □刻 □鋼 □降 □紅 □皇

□従 □衆 □就 □宗 □収 □樹 □若 □尺 □捨 □射 □磁 □誌 □詞 □視 □姿 □私

□垂 □仁 □針 □蒸 □障 □傷 □将 □承 □除 □諸 □署 □処 □純 □熟 □縮 □縦

□創 □窓 □奏 □善 □銭 □染 □洗 □泉 □専 □宣 □舌 □誠 □聖 □盛 □寸 □推

□宙 □値 □暖 □段 □誕 □探 □担 □宅 □退 □尊 □存 □臓 □蔵 □操 □層 □装

□乳 □難 □届 □糖 □党 □討 □展 □敵 □痛 □賃 □潮 □腸 □頂 □庁 □著 □忠

□奮 □腹 □俵 □秘 □批 □否 □晩 □班 □俳 □肺 □背 □拝 □派 □脳 □納 □認

□模 □盟 □密 □幕 □枚 □棒 □忘 □亡 □訪 □宝 □暮 □補 □片 □閉 □陛 □並

□論 □朗 □臨 □律 □裏 □覧 □卵 □乱 □翌 □欲 □幼 □預 □優 □郵 □訳

六年生の漢字

読み問題スピードチェック①

▼声に出して読みましょう。

□ ① **警察《さつ》署**を見学《けんがく》する。
□ ② **皇后陛**下《か》が来《こ》られる。
□ ③ **班**長《ちょう》の指示《しじ》に**従**う。
□ ④ **宗**教《きょう》と科学《かがく》。
□ ⑤ **乳**歯《し》が抜《ぬ》ける。
□ ⑥ 首《くび》に**激痛**が走《はし》る。
□ ⑦ 友人《ゆうじん》との**秘密**を守《まも》る。
□ ⑧ **困難**な問題《もんだい》に当《あ》たる。
□ ⑨ 記録《きろく》を**樹**立《りつ》する。
□ ⑩ 両親《りょうしん》を**尊敬**する。
□ ⑪ **裏**山《やま》を**探**検《けん》する。
□ ⑫ 夏服《なつふく》を**収納**する。
□ ⑬ 機械《きかい》が故《こ》**障**する。
□ ⑭ **異**常《じょう》に速《はや》い**呼吸**。
□ ⑮ 係《かかり》を**担**当《とう》する。

答え

① けいさつしょをけんがくする。
② こうごうへいかがこられる。
③ はんちょうのしじにしたがう。
④ しゅうきょうとかがく。
⑤ にゅうしがぬける。
⑥ くびにげきつうがはしる。
⑦ ゆうじんとのひみつをまもる。
⑧ こんなんなもんだいにあたる。
⑨ きろくをじゅりつする。
⑩ りょうしんをそんけいする。
⑪ うらやまをたんけんする。
⑫ なつふくをしゅうのうする。
⑬ きかいがこしょうする。
⑭ いじょうにはやいこきゅう。
⑮ かかりをたんとうする。

□ ⑯ **映**像《ぞう》で解説《かいせつ》する。
□ ⑰ **宇宙**を旅行《りょこう》したい。
□ ⑱ **腹**を**割**って話《はな》す。
□ ⑲ **簡**単《たん》に手《て》に入《はい》る。
□ ⑳ 歌《か》**詞**を覚《おぼ》える。
□ ㉑ **座**席《せき》を予約《よやく》する。
□ ㉒ 飛行機《ひこうき》を**操縦**する。
□ ㉓ **至**急《きゅう》、タクシーを**呼**ぶ。
□ ㉔ 雑《ざつ》**誌**の表紙《ひょうし》を飾《かざ》る。
□ ㉕ **郵**便物《びんぶつ》が**届**く。
□ ㉖ 計算速度《けいさんそくど》に**舌**を巻く。
□ ㉗ **胃**や**腸**などの内《ない》**臓**。
□ ㉘ **私**語《ご》を**認**める。
□ ㉙ 毎《まい》**晩**、入浴《にゅうよく》する。
□ ㉚ 野生動物《やせいどうぶつ》がいる地《ち》**域**。

答え

⑯ えいぞうでかいせつする。
⑰ うちゅうをりょこうしたい。
⑱ はらをわってはなす。
⑲ かんたんにてにはいる。
⑳ かしをおぼえる。
㉑ ざせきをよやくする。
㉒ ひこうきをそうじゅうする。
㉓ しきゅう、タクシーをよぶ。
㉔ ざっしのひょうしをかざる。
㉕ ゆうびんぶつがとどく。
㉖ けいさんそくどにしたをまく。
㉗ いやちょうなどのないぞう。
㉘ しごをみとめる。
㉙ まいばん、にゅうよくする。
㉚ やせいどうぶつがいるちいき。

学習日
月
日

六年生の漢字

読み問題スピードチェック②

▼声に出して読みましょう。

□ ① 組織《そしき》の**存**続《ぞく》を願《ねが》う。
□ ② バスは時《じ》**刻**通《どお》りに来《き》た。
□ ③ 夏《なつ》は故《こ》**郷**に帰《かえ》る。
□ ④ **胃腸**の調子《ちょうし》が良《よ》い。
□ ⑤ 発言《はつげん》する**権**利《り》を得《え》る。
□ ⑥ **若**くして入《にゅう》**閣**する。
□ ⑦ **沿**岸《がん》の**警**備《び》。
□ ⑧ 鉄《てつ》**鋼**業界《ぎょうかい》で働《はたら》く。
□ ⑨ **灰**色《いろ》の雲《くも》に覆《おお》われる。
□ ⑩ 古《ふる》い服《ふく》は**処**分《ぶん》する。
□ ⑪ チョウの**幼**虫《ちゅう》を飼《か》う。
□ ⑫ **除**雪車《せつしゃ》の出動《しゅつどう》。
□ ⑬ **巻**き**尺**で幅《はば》を測《はか》る。
□ ⑭ **翌**日《じつ》からは晴《は》れた。
□ ⑮ 美《うつく》しい**並**木道《きみち》。

答え

① そしきのそんぞくをねがう。
② バスはじこくどおりにきた。
③ なつはこきょうにかえる。
④ いちょうのちょうしがよい。
⑤ はつげんするけんりをえる。
⑥ わかくしてにゅうかくする。
⑦ えんがんのけいび。
⑧ てっこうぎょうかいではたらく。
⑨ はいいろのくもにおおわれる。
⑩ ふるいふくはしょぶんする。
⑪ チョウのようちゅうをかう。
⑫ じょせつしゃのしゅつどう。
⑬ まきじゃくではばをはかる。
⑭ よくじつからははれた。
⑮ うつくしいなみきみち。

□ ⑯ 温《おん》**暖**化《か》の対《たい》**策**をする。
□ ⑰ 省《しょう》**庁**の再編《さいへん》。
□ ⑱ **胸**中《ちゅう》を告白《こくはく》する。
□ ⑲ **著**者《しゃ》の考《かんが》えを述《の》べる。
□ ⑳ 神《しん》**聖**な土地《とち》とされる。
□ ㉑ 軽《けい》**傷**で**済**む。
□ ㉒ 単《たん》**純**な物語《ものがたり》。
□ ㉓ 食《しょく》**紅**で布《ぬの》を**染**める。
□ ㉔ 電池《でんち》は内《ない》**蔵**してある。
□ ㉕ **革**命的《めいてき》な出来事《できごと》。
□ ㉖ **視**力《りょく》を検査《けんさ》する。
□ ㉗ 半《はん》**熟卵**が好《す》きだ。
□ ㉘ 経《けい》**済**学者《がくしゃ》の**論**説《せつ》。
□ ㉙ **株**式会社《しきがいしゃ》の社員《しゃいん》。
□ ㉚ 土《ど》**俵**で相撲《すもう》を取《と》る。

答え

⑯ おんだんかのたいさくをする。
⑰ しょうちょうのさいへん。
⑱ きょうちゅうをこくはくする。
⑲ ちょしゃのかんがえをのべる。
⑳ しんせいなとちとされる。
㉑ けいしょうですむ。
㉒ たんじゅんなものがたり。
㉓ しょくべにでぬのをそめる。
㉔ でんちはないぞうしてある。
㉕ かくめいてきなできごと。
㉖ しりょくをけんさする。
㉗ はんじゅくたまごがすきだ。
㉘ けいざいがくしゃのろんせつ。
㉙ かぶしきがいしゃのしゃいん。
㉚ どひょうですもうをとる。

学習日
月
日

六年生の漢字

読み問題スピードチェック③

▼声に出して読みましょう。

□ ①穀物《もつ》を輸《ゆ》入《にゅう》する。
□ ②後《うし》ろ姿で判別《はんべつ》する。
□ ③興《こう》奮して我を忘れる。
□ ④筋肉《にく》をきたえる。
□ ⑤立《りっ》派な宝石《せき》。
□ ⑥大《たい》衆の支《し》持《じ》を受《う》ける。
□ ⑦私の母《はは》は看護《ご》師《し》だ。
□ ⑧別《べっ》冊には付《ふ》録《ろく》がある。
□ ⑨砂糖の値段が上《あ》がる。
□ ⑩改《かい》善方法《ほうほう》の検《けん》討。
□ ⑪清潔感《せいけつかん》のある服《ふく》装。
□ ⑫肺活量《かつりょう》を測定《そくてい》する。
□ ⑬電車《でんしゃ》の運《うん》賃を払《はら》う。
□ ⑭他国《たこく》と同《どう》盟を結《むす》ぶ。
□ ⑮棒を垂直《ちょく》に立《た》てる。

答え

①こくもつをゆにゅうする。
②うしろすがたではんべつする。
③こうふんしてわれをわすれる。
④きんにくをきたえる。
⑤りっぱなほうせき。
⑥たいしゅうのしじをうける。
⑦わたし（わたくし）のははははかんごしだ。
⑧べっさつにはふろくがある。
⑨さとうのねだんがあがる。
⑩かいぜんほうほうのけんとう。
⑪せいけつかんのあるふくそう。
⑫はいかつりょうをそくていする。
⑬でんしゃのうんちんをはらう。
⑭たこくとどうめいをむすぶ。
⑮ぼうをすいちょくにたてる。

□ ⑯針の穴に糸《いと》を通《とお》す。
□ ⑰家《いえ》を訪問《もん》する。
□ ⑱厳密に言《い》うと誤りだ。
□ ⑲裁判《ばん》の判決《はんけつ》。
□ ⑳縦横自在《おうじざい》。
□ ㉑推理《り》小説《しょうせつ》を読《よ》む。
□ ㉒疑問《もん》を投《な》げかける。
□ ㉓両手《りょうて》を挙《あ》げ降参《さん》する。
□ ㉔若い時《とき》は二度《にど》ない。
□ ㉕危険《けん》を感《かん》じ後《こう》退した。
□ ㉖反《はん》乱軍《ぐん》の指《し》揮をとる。
□ ㉗恩師《し》に感謝《かんしゃ》する。
□ ㉘子《こ》に善悪《あく》を教《おし》える。
□ ㉙都会《とかい》で暮らす。
□ ㉚片足《あし》を突《つ》っ込《こ》む。

答え

⑯はりのあなにいとをとおす。
⑰いえをほうもんする。
⑱げんみつにいうとあやまりだ。
⑲さいばんのはんけつ。
⑳じゅうおうじざい。
㉑すいりしょうせつをよむ。
㉒ぎもんをなげかける。
㉓りょうてをあげこうさんする。
㉔わかいときはにどない。
㉕きけんをかんじこうたいした。
㉖はんらんぐんのしきをとる。
㉗おんしにかんしゃする。
㉘こにぜんあくをおしえる。
㉙とかいでくらす。
㉚かたあしをつっこむ。

学習日
月
日

六年生の漢字

読み問題スピードチェック④

▼声に出して読みましょう。

□①幼なじみを訪ねる。
□②敵対《たい》する国《くに》との会議《かいぎ》。
□③大規《だいき》模な改《かい》革の断行《だんこう》。
□④展覧会《かい》を批評《ひょう》する。
□⑤木《き》の棒を振《ふ》り回《まわ》す。
□⑥図《ず》の縮小《しょう》と拡大《だい》。
□⑦預金《きん》を引《ひ》き出《だ》す。
□⑧階《かい》段から落《お》ちる。
□⑨将軍《ぐん》を補佐《さ》する。
□⑩道路《どうろ》が寸断《だん》される。
□⑪窓口《ぐち》で定期《ていき》券を買《か》う。
□⑫異なる二種類《にしゅるい》の液体《えきたい》。
□⑬雨《あめ》のため延期《き》になった。
□⑭説明《せつめい》して誤解《かい》を解《と》く。
□⑮創作《さく》する意《い》欲が湧《わ》く。

答え

①おさななじみをたずねる。
②てきたいするくにとのかいぎ。
③だいきぼなかいかくのだんこう。
④てんらんかいをひひょうする。
⑤きのぼうをふりまわす。
⑥ずのしゅくしょうとかくだい。
⑦よきんをひきだす。
⑧かいだんからおちる。
⑨しょうぐんをほさする。
⑩どうろがすんだんされる。
⑪まどぐちでていきけんをかう。
⑫ことなるにしゅるいのえきたい。
⑬あめのためえんきになった。
⑭せつめいしてごかいをとく。
⑮そうさくするいよくがわく。

□⑯国《くに》の興《こう》亡の歴史《れきし》。
□⑰閉会式《かいしき》で歌《うた》う。
□⑱名作《めいさく》を朗読《どく》する。
□⑲鏡《かがみ》に光《ひかり》が反《はん》射する。
□⑳子《こ》供を看病《びょう》する。
□㉑蚕から絹糸《いと》を作《つく》る。
□㉒自《じ》己紹介《しょうかい》をする。
□㉓水分《すいぶん》を蒸発《はつ》させる。
□㉔科学的《かがくてき》に否定《てい》する。
□㉕欲を捨て自分《じぶん》と向《む》き合《あ》う。
□㉖手紙《てがみ》を拝見《けん》する。
□㉗二《に》枚舌を使《つか》う。
□㉘商品《しょうひん》を宣伝《でん》する。
□㉙その由来《ゆらい》は諸説《せつ》ある。
□㉚価《か》値観《かん》が合《あ》う。

答え

⑯くにのこうぼうのれきし。
⑰へいかいしきでうたう。
⑱めいさくをろうどくする。
⑲かがみにひかりがはんしゃする。
⑳こどもをかんびょうする。
㉑かいこからきぬいとをつくる。
㉒じこしょうかいをする。
㉓すいぶんをじょうはつさせる。
㉔かがくてきにひていする。
㉕よくをすてじぶんとむきあう。
㉖てがみをはいけんする。
㉗にまいじたをつかう。
㉘しょうひんをせんでんする。
㉙そのゆらいはしょせつある。
㉚かちかんがあう。

学習日
月
日

六年生の漢字

読み問題スピードチェック⑤

▼声に出して読みましょう。

学習日　月　日

□ ① **専**用車《ようしゃ》で移動《いどう》する。
□ ② **遺**伝子《でんし》の研究《けんきゅう》。
□ ③ 乗車《じょうしゃ》**券**を買《か》う。
□ ④ 兄弟《きょうだい》で親《おや》**孝**行《こう》する。
□ ⑤ 犯人《はんにん》が自《じ》**供**する。
□ ⑥ 野《や》**党**の役《やく》**割**。
□ ⑦ 百《ひゃく》も**承**知《ち》。
□ ⑧ 左手《ひだりて》を**骨**折《せつ》する。
□ ⑨ **憲**法《ぽう》の条文《じょうぶん》を読《よ》む。
□ ⑩ **就**学前《がくまえ》の子《こ》が遊《あそ》ぶ。
□ ⑪ 父《ちち》と**銭**湯《とう》に入《はい》る。
□ ⑫ **仁**義《ぎ》を重《おも》んじる組織《そしき》。
□ ⑬ **盛**り上《あ》がった**誕**生日会《じょうびかい》。
□ ⑭ **劇**場《じょう》で演《えん》**奏**する。
□ ⑮ 戦時下《せんじか》の**洗脳**。

答え

① せんようしゃでいどうする。
② いでんしのけんきゅう。
③ じょうしゃけんをかう。
④ きょうだいでおやこうこうする。
⑤ はんにんがじきょうする。
⑥ やとうのやくわり。
⑦ ひゃくもしょうち。
⑧ ひだりてをこっせつする。
⑨ けんぽうのじょうぶんをよむ。
⑩ しゅうがくまえのこがあそぶ。
⑪ ちちとせんとうにはいる。
⑫ じんぎをおもんじるそしき。
⑬ もりあがったたんじょうびかい。
⑭ げきじょうでえんそうする。
⑮ せんじかのせんのう。

□ ⑯ 規《き》**律**正《ただ》しい生活《せいかつ》。
□ ⑰ **干潮**時《じ》の**砂**浜《はま》。
□ ⑱ 上《のぼ》りの通《つう》**勤**電車《でんしゃ》。
□ ⑲ **背**中《なか》を押《お》される。
□ ⑳ 高《こう》**層**ビルを建設《けんせつ》する。
□ ㉑ **臨**機応変《きおうへん》。
□ ㉒ **磁**石《しゃく》に鉄《てつ》がつく。
□ ㉓ **幕**府《ふ》に**忠誠**を誓《ちか》う。
□ ㉔ **宅**配便《はいびん》を受《う》け取《と》る。
□ ㉕ **貴**族《ぞく》の家《か》**系**図《ず》。
□ ㉖ 海外《かいがい》**俳優**の通《つう》**訳**。
□ ㉗ **奮**発《ぱつ》して新車《しんしゃ》を買《か》う。
□ ㉘ 業界《ぎょうかい》の**頂**点《てん》に立《た》つ。
□ ㉙ **源泉**をくみ上《あ》げる。
□ ㉚ **机**を父《ちち》の形見《かたみ》とする。

答え

⑯ きりつただしいせいかつ。
⑰ かんちょうじのすなはま。
⑱ のぼりのつうきんでんしゃ。
⑲ せなかをおされる。
⑳ こうそうビルをけんせつする。
㉑ りんきおうへん。
㉒ じしゃくにてつがつく。
㉓ ばくふにちゅうせいをちかう。
㉔ たくはいびんをうけとる。
㉕ きぞくのかけいず。
㉖ かいがいはいゆうのつうやく。
㉗ ふんぱつしてしんしゃをかう。
㉘ ぎょうかいのちょうてんにたつ。
㉙ げんせんをくみあげる。
㉚ つくえをちちのかたみとする。

六年生の漢字

書き問題スピードチェック①

▼□にあてはまる漢字を書きましょう。〔　〕は送りがなも書きましょう。

学習日　月　日

□ ① □《てき》と味方《みかた》に分《わ》かれて□□《とうろん》する。

□ ② 政治《せいじ》□《けん》力《りょく》の□《かく》大《だい》を□《ひ》判《はん》する。

□ ③ □《えい》画館《がかん》の□《ざ》席《せき》を予約《よやく》する。

□ ④ 経営方《けいえいほう》□《しん》に〔　　〕《したがう》。

□ ⑤ 大規《だいき》□《ぼ》な改《かい》□《かく》を実行《じっこう》する。

□ ⑥ □《ゆう》便番号《びんばんごう》を□《あやま》って書《か》く。

□ ⑦ 野球《やきゅう》は□《えん》長戦《ちょうせん》に入《はい》った。

□ ⑧ □□《かんちょう》で現《あらわ》れた砂浜《すなはま》。

□ ⑨ 小《しょう》□《さつ》子《し》に情報《じょうほう》をまとめる。

□ ⑩ □《はん》を指《し》□《き》するリーダー。

□ ⑪ □《よう》児期《じき》に災《さい》□《なん》に遭《あ》った。

□ ⑫ □《こう》鉄《てつ》の柱《はしら》を組《く》む。

□ ⑬ 赤子《あかご》に□《ちち》を飲《の》ませる。

□ ⑭ ごみを□《しょ》理《り》する。

□ ⑮ 国家《こっか》□□《そんぼう》の□《き》機《き》。

□ ⑯ □《きょう》中《ちゅう》を察《さっ》し、口《くち》を〔　　〕《とじる》。

□ ⑰ 自《じ》□《たく》を□《かた》付《づ》ける。

□ ⑱ □《けい》察《さつ》□《しょ》に〔　　〕《つとめる》。

□ ⑲ □□《ふっきん》を鍛《きた》える。

□ ⑳ □□《うちゅう》に神《しん》□《ぴ》を感《かん》じる。

答えは別冊16ページ

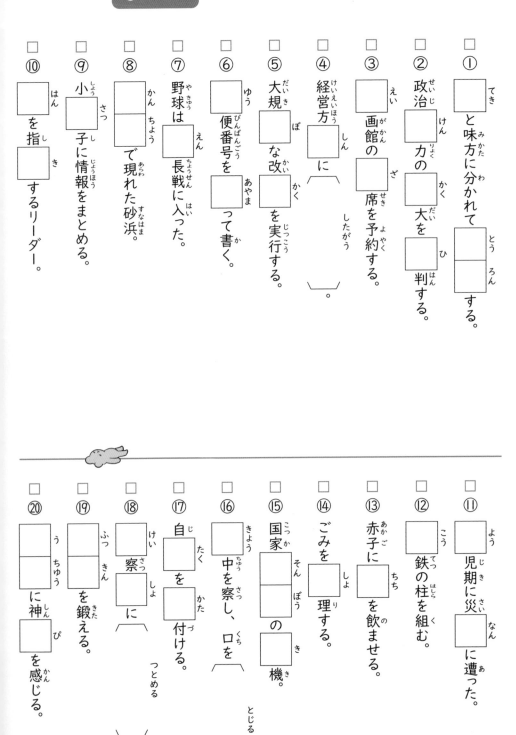

六年生の漢字

書き問題スピードチェック②

▼□にあてはまる漢字を書きましょう。〔　〕は送りがなも書きましょう。

学習日　月　日

□ ① 自《みずか》ら役員《やくいん》を〔　　〕《しりぞく》。

□ ② 医《い》は□《じん》術《じゅつ》と言《い》われる。

□ ③ 文化《ぶんか》□《ちょう》を□《ほう》問《もん》する。

□ ④ □《たん》生日《じょうび》を〔　　〕《わすれる》。

□ ⑤ キリスト教《きょう》の□《せい》書《しょ》。

□ ⑥ フランス□《かく》命《めい》で起《お》きた悲《ひ》□《げき》。

□ ⑦ 火山《かざん》□《ばい》でできた地《ち》□《そう》。

□ ⑧ □《つくえ》を〔　　〕《ならべる》。

□ ⑨ 同《どう》□《めい》国《こく》と□《みつ》約《やく》を交《か》わす。

□ ⑩ □《きぬ》の糸《いと》を〔　　〕《そめる》。

□ ⑪ 仏教《ぶっきょう》の□《しゅう》□《は》。

□ ⑫ □《たん》任《にん》の先生《せんせい》が□《しょう》知《ち》する。

□ ⑬ □《よく》朝《あさ》、□《せん》濯物《たくもの》を□《ほ》す。

□ ⑭ 光《ひかり》が□《まど》ガラスに反□《しゃ》する。

□ ⑮ 雑《ざっ》□《し》の広告《こうこく》。

□ ⑯ 土砂《どしゃ》□《ぶ》りによる□《き》険《けん》が迫《せま》る。

□ ⑰ 重《おも》い米《こめ》□《だわら》をかつぐ。

□ ⑱ 時間《じかん》を短《たん》□《しゅく》する。

□ ⑲ 鉄《てつ》□《ぼう》の練習《れんしゅう》をする。

□ ⑳ □《しょう》来《らい》の目標《もくひょう》を□《せん》言《げん》する。

▸▸▸ 答えは別冊16ページ

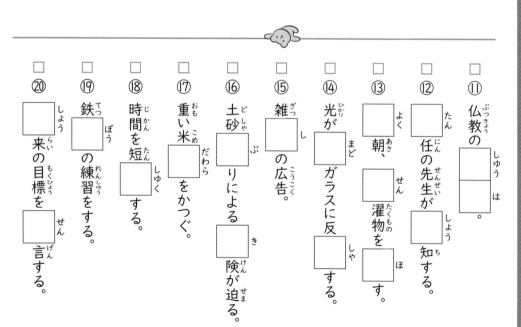

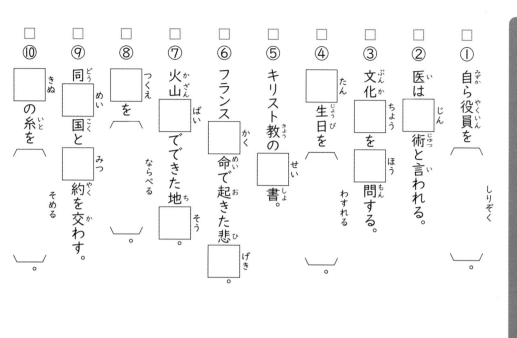

六年生の漢字

書き問題スピードチェック③

▼□にあてはまる漢字を書きましょう。〔　〕は送りがなも書きましょう。

□ ① □《しょ》外国《がいこく》の□《けん》法《ぽう》を比《くら》べる。

□ ② 四字《よじ》□《じゅく》語《ご》。

□ ③ チームでの役《やく》□《わり》を分《ぶん》□《たん》する。

□ ④ □《ちゅう》に浮《う》かぶ□《じ》石《しゃく》。

□ ⑤ □《し》急《きゅう》、連絡《れんらく》を取《と》る。

□ ⑥ □《あな》があったら入《はい》りたい。

□ ⑦ 内《ない》□《かく》総理大臣《そうりだいじん》に□《しゅう》任《にん》する。

□ ⑧ □《げん》格《かく》な家庭《かてい》で育《そだ》った。

□ ⑨ □《けい》報《ほう》□《そう》置《ち》が□《ご》作動《さどう》する。

□ ⑩ □《こつ》折《せつ》した右腕《みぎうで》が〔　〕《いたい》。

□ ⑪ 娘《むすめ》の容《よう》□《し》は□《わたし》に似《に》ている。

□ ⑫ 新《あたら》しい団体《だんたい》を□《そう》設《せつ》する。

□ ⑬ 少数《しょうすう》の意見《いけん》を□《そん》重《ちょう》した政《せい》□《さく》。

□ ⑭ 銀行《ぎんこう》にお金《かね》を〔　〕《あずける》。

□ ⑮ □《ちん》金《ぎん》を一《いち》□《りつ》に上《あ》げる。

□ ⑯ 指《ゆび》で□《せ》中《なか》に文字《もじ》を書《か》く。

□ ⑰ □《りん》機応変《きおうへん》。

□ ⑱ □《しゅう》□《のう》箱《ばこ》の□《すん》法《ぽう》を測《はか》る。

□ ⑲ 年輪《ねんりん》から□《じゅ》齢《れい》を□《すい》定《てい》する。

□ ⑳ 住《じゅう》□《たく》の□《てん》示場《じじょう》。

学習日
月
日

▶▶▶ 答えは別冊16ページ

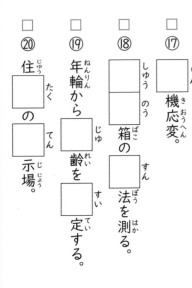

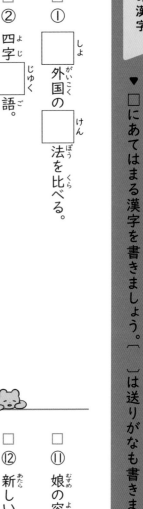

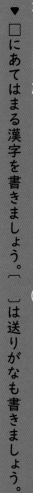

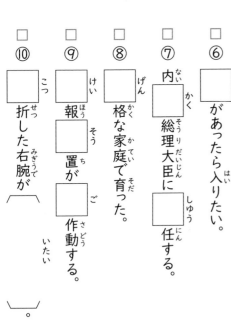

六年生の漢字

書き問題スピードチェック④

▼□にあてはまる漢字を書きましょう。〔 〕は送りがなも書きましょう。

学習日　月　日

① 単《たん》□《じゅん》な性格《せいかく》に〔こまる〕。

② □《しゃく》八《はち》の見事《みごと》な演《えん》□《そう》。

③ □《せい》意《い》が伝《つた》わる謝罪文《しゃざいぶん》。

④ □《けい》統《とう》立《だ》てて話《はな》す。

⑤ □《ちょ》作物《さくぶつ》を□《ひ》評《ひょう》する。

⑥ 旅客機《りょかくき》を□□《そうじゅう》する。

⑦ 混入《こんにゅう》した□《い》物《ぶつ》を〔すてる〕。

⑧ 養《よう》□《さん》業《ぎょう》の□《せん》門家《もんか》。

⑨ 塩分《えんぶん》と□《とう》分《ぶん》を〔おぎなう〕。

⑩ 税金《ぜいきん》を〔おさめる〕。

⑪ 料理《りょうり》を皿《さら》に□《も》り付《つ》ける。

⑫ □《さい》判《ばん》の期間《きかん》が〔のびる〕。

⑬ 水《みず》が□《じょう》発《はつ》する。

⑭ □《しょう》害物《がいぶつ》を取《と》り〔のぞく〕。

⑮ 対《たい》□《さく》案《あん》は□《ひ》決《けつ》された。

⑯ □《たまご》の□《きょう》給《きゅう》が減少《げんしょう》する。

⑰ □《べに》花《ばな》の花言葉《はなことば》。

⑱ この地《ち》□《いき》は温《おん》□《せん》が多《おお》い。

⑲ □□《かぶけん》を発行《はっこう》する。

⑳ □《よく》望《ぼう》を満《み》たす。

答えは別冊16ページ

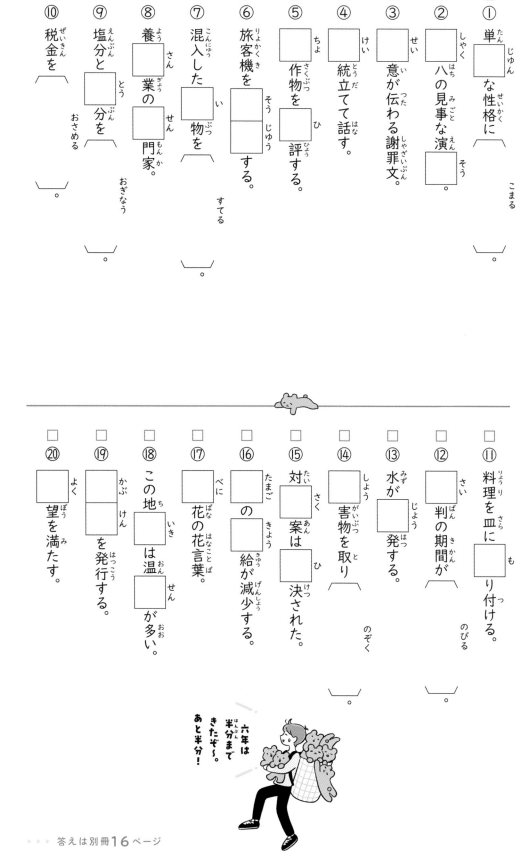

六年生の漢字

書き問題スピードチェック⑤

▼□にあてはまる漢字を書きましょう。〔　〕は送りがなも書きましょう。

□ ① 資《し》□《げん》を大切《たいせつ》にする。

□ ② □《ふん》発《ぱつ》して買《か》った冷《れい》□《ぞう》庫《こ》。

□ ③ 水《みず》が〔　　〕《たれる》。

□ ④ 自《じ》□《こ》紹介《しょうかい》をする。

□ ⑤ □《こう》□《ごう》□《へい》下《か》の生《お》い立《た》ち。

□ ⑥ 最終《さいしゅう》□《だん》落《らく》で結《けつ》□《ろん》を書《か》く。

□ ⑦ □《い》□《ちょう》の調子《ちょうし》が悪《わる》い。

□ ⑧ 悪口《わるぐち》は□《かん》単《たん》に□《かく》散《さん》される。

□ ⑨ 二《に》□《まい》の皿《さら》が〔　　〕《われる》。

□ ⑩ □《い》口《く》同音《どうおん》。

□ ⑪ 鳥類《ちょうるい》も□《はい》□《こ》□《きゅう》する。

□ ⑫ 川《かわ》の流《なが》れに□《そ》って歩《ある》く。

□ ⑬ 米《こめ》や麦《むぎ》などの□《こく》類《るい》を育《そだ》てる。

□ ⑭ 国《くに》の文化《ぶんか》□《い》産《さん》を守《まも》る。

□ ⑮ 九九《くく》の一《いち》□《らん》表《ひょう》。

□ ⑯ 故《こ》□《きょう》をよんだ□《はい》句《く》。

□ ⑰ 竹馬《たけうま》のような伝《でん》□《しょう》遊《あそ》びをする。

□ ⑱ □《はい》色《いろ》の荷物《にもつ》が〔　　〕《とどく》。

□ ⑲ まずは子《こ》□《ども》を救《きゅう》□《さい》する。

□ ⑳ 徒《と》□《とう》を組《く》んで悪《わる》さをする。

学習日　月　日

▸▸▸ 答えは別冊16ページ

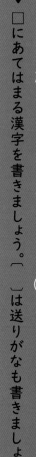

六年生の漢字

書き問題スピードチェック⑥

▼□にあてはまる漢字を書きましょう。〔　〕は送りがなも書きましょう。

学習日　月　日

□ ① 曲《きょく》の歌《か》□《し》を〔　　〕《わすれる》。

□ ② 公《こう》□《しゅう》電話《でんわ》から□《けい》察《さつ》を□《よ》ぶ。

□ ③ □《おん》師《し》から□《ちゅう》告《こく》される。

□ ④ 地《ち》□《いき》の経《けい》□《ざい》が回復《かいふく》する。

□ ⑤ 昨《さく》□《ばん》、心《しん》□《ぞう》の手術《しゅじゅつ》をした。

□ ⑥ 水泳協会《すいえいきょうかい》に加《か》□《めい》する。

□ ⑦ 世界大会《せかいたいかい》が開《かい》□《まく》する。

□ ⑧ □《すな》山《やま》は□《かん》単《たん》に崩《くず》れた。

□ ⑨ 強風《きょうふう》で髪《かみ》が〔　　〕《みだれる》。

□ ⑩ 雑《ざっ》□《し》の□《ね》□《だん》が上《あ》がる。

□ ⑪ □《ぜん》は急《いそ》げ。

□ ⑫ 親《おや》□《こう》行《こう》ができるうちは幸《しあわ》せだ。

□ ⑬ 好《す》きな文章《ぶんしょう》を□《ろう》読《どく》する。

□ ⑭ 首《しゅ》□《のう》が□《へい》下《か》に面会《めんかい》する。

□ ⑮ 〔　　〕《おさない》ころから遠《えん》□《し》で眼鏡《めがね》をかけている。

□ ⑯ □《かん》頭《とう》の挨拶文《あいさつぶん》を書《か》く。

□ ⑰ 語《ご》□《げん》を調《しら》べる。

□ ⑱ □《しん》小《しょう》□《ぼう》大《だい》。

□ ⑲ □《ひ》□《みつ》基地《きち》を□《たん》検《けん》する。

□ ⑳ 準備体《じゅんびたい》□《そう》で深《しん》□《こ》□《きゅう》をする。

▸▸▸ 答えは別冊16ページ

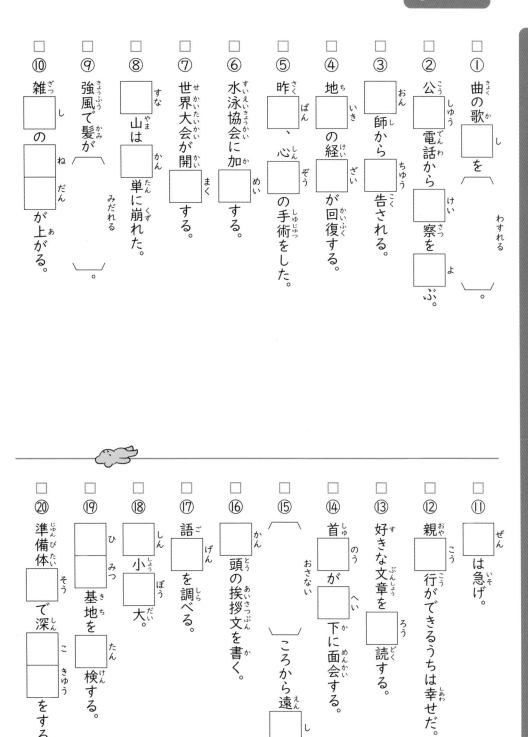

六年生の漢字

書き問題スピードチェック⑦

▼□にあてはまる漢字を書きましょう。〔　〕は送りがなも書きましょう。

□ ① 情報《じょうほう》が正《ただ》しいか〔　　〕《うたがう》。

□ ② 遅《ち》□《こく》した言《い》い□《わけ》をする。

□ ③ 大器《たいき》□《ばん》成《せい》。

□ ④ 先祖《せんぞ》を〔　　〕《うやまう》。

□ ⑤ □《せん》湯《とう》とサウナ。

□ ⑥ □《きず》口《ぐち》に塩《しお》。

□ ⑦ □《ゆう》勝《しょう》の感《かん》□《げき》に浸《ひた》る。

□ ⑧ ストーブで室内《しつない》を〔　　〕《あたためる》。

□ ⑨ 的《まと》を□《い》た発言《はつげん》。

□ ⑩ 熱《あつ》いスープで□《した》をやけどした。

□ ⑪ □《かぶ》価《か》が□《らん》高下《こうげ》する。

□ ⑫ これは□《き》重《ちょう》な□《ほう》石《せき》だ。

□ ⑬ □《わか》者《もの》に向《む》けて□《せん》伝《でん》する。

□ ⑭ 仏像《ぶつぞう》を〔　　〕《おがむ》。

□ ⑮ □《かん》板《ばん》の□《うら》側《がわ》。

□ ⑯ ふと□《われ》に返《かえ》る。

□ ⑰ 能力《のうりょく》を発《はっ》□《き》する。

□ ⑱ 夕《ゆう》□《ぐ》れを待《ま》つ夏《げ》□《し》の日《ひ》。

□ ⑲ 山《やま》の□《いただき》に立《た》つ。

□ ⑳ 努力《どりょく》を〔　　〕《みとめる》。

学習日　月　日

答えは別冊17ページ

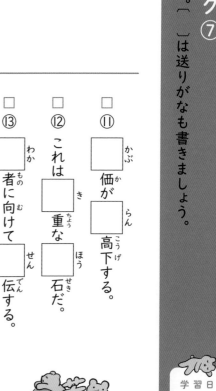

六年生の漢字

書き順や字形の問題

学習日　月　日

1 書き順の正しい方に○を書きましょう。

□① 卯　ア（　）ノ ㇄ 卬 卯 卯 卯 卯　イ（　）ノ ㇄ 卬 卬 卯 卯 卯

□② 垂　ア（　）二 三 千 垂 垂 垂　イ（　）二 千 千 垂 垂 垂

□③ 冊　ア（　）丨 冂 冊 冊 冊　イ（　）丨 冂 冂 冊 冊

2 赤い部分は何画目に書きますか。□に数字を書きましょう。

□① 党 □　□② 脳 □　□③ 秘 □　□④ 論 □　□⑤ 幕 □　□⑥ 我 □

3 正しい字に○を書きましょう。

□① ちゅう　ア（　）忠　イ（　）忠

□② せん　ア（　）宜　イ（　）宣

□③ しゅう　ア（　）就　イ（　）就

□④ てん　ア（　）展　イ（　）展

□⑤ ほ(す)　ア（　）千　イ（　）干

□⑥ よう　ア（　）幼　イ（　）幼

4 ●にかくれている部分を□に書きましょう。

（例）気《き》 メ

□① 延《えん》 □　□② 拝《おが(む)》 □　□③ 庁《ちょう》 □　□④ 臨《りん》 □　□⑤ 覧《らん》 □

答えは別冊17ページ

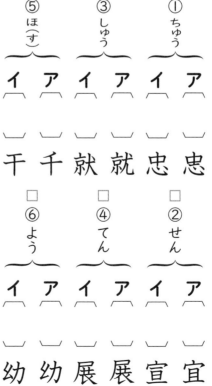

六年生の漢字

最終チェック問題⑤

学習日　月　日

1 次の文章を読んで、――の漢字の読みがなを書きましょう。

母《はは》の①誕生《じょう》日《び》会《かい》のために、家族《かぞく》に②秘密でケーキを作《つく》った。③卵を④割り、かき混《ま》ぜて、⑤砂糖や小麦粉《こむぎこ》、バターなどと混《ま》ぜて型《かた》に入《い》れて焼《や》く。クリームを塗《ぬ》って、完《かん》⑥熟のいちごを山《やま》ほど⑦並べた。母《はは》は感《かん》⑧激していた。食《た》べすぎて⑨腹痛だと⑩困った顔《かお》で笑《わら》っていた。

□ ①〔　　〕
□ ②〔　　〕
□ ③〔　　〕
□ ④〔　　〕
□ ⑤〔　　〕
□ ⑥〔　　〕
□ ⑦〔　　〕
□ ⑧〔　　〕
□ ⑨〔　　〕
□ ⑩〔　　〕

2 □には同じ部分をもつ漢字が入ります。□に漢字を書きましょう。

□ ① □《せん》門家《もんか》を□《そん》敬《けい》する。

□ ② 受《う》けた□《おん》は一生《いっしょう》□《わす》れない。

□ ③ □《ろん》文《ぶん》が載《の》った雑《ざっ》□《し》。

□ ④ □《しょう》害物《がいぶつ》を取《と》り□《のぞ》く。

□ ⑤ 宇《う》□《ちゅう》から地球《ちきゅう》に□《とど》ける。

答えは別冊17ページ

3

▼ 次の文章を読んで、――の言葉を漢字に直しましょう。送りがなが必要な場合は、送りがなを書きましょう。

父《ちち》は野球選手《やきゅうせんしゅ》だったが、肩《かた》を①いためて引《いん》②たいし、今《いま》は③けい備《び》会社《がいしゃ》に④つとめている。今《いま》でも⑤ふっきんや⑥はいきんを鍛《きた》えているので年齢《ねんれい》よりも⑦わかく見《み》られる。リーグ戦《せん》が開《かい》⑧まくしてからは毎《まい》⑨ばんテレビで野球《やきゅう》の試合《しあい》を見《み》て興《こう》⑩ふんしている。

□ ①（　　）　□ ②（　　）

□ ③（　　）　□ ④（　　）

□ ⑤（　　）　□ ⑥（　　）

□ ⑦（　　）　□ ⑧（　　）

□ ⑨（　　）　□ ⑩（　　）

4

▼ □には同じ読みの漢字が入ります。□に漢字を書きましょう。

□ ① □《とう》首《しゅ》が□《とう》論会《ろんかい》をする。

□ ② カメラを内《ない》□《ぞう》した機械《きかい》で、患者《かんじゃ》の内《ない》□《ぞう》を検査《けんさ》する。

□ ③ □《よく》日《じつ》には食《しょく》□《よく》が出《で》てきた。

□ ④ □《せん》剤《ざい》を買《か》って、つり□《せん》をもらう。

□ ⑤ □《しゅう》職《しょく》したので□《しゅう》入《にゅう》がある。

答えは別冊17ページ

観点別チェック① 同訓異字――1

▼――を漢字に直して送りがなも書きましょう。

① 姿《すがた》をあらわす。

② グラフであらわす。

③ 薬《くすり》がきく。

④ 話《はなし》をきく。

⑤ 国《くに》をおさめる。

⑥ 税金《ぜいきん》をおさめる。

⑦ 勝利《しょうり》をおさめる。

⑧ 場所《ばしょ》をうつす。

⑨ 鏡《かがみ》にうつす。

⑩ カメラでうつす。

⑪ 計算《けいさん》があう。

⑫ 公園《こうえん》で友人《ゆうじん》にあう。

⑬ 時《とき》をへる。

⑭ 人口《じんこう》がへる。

⑮ しおの満《み》ち引《ひ》き。

⑯ 鍋《なべ》にしおを加《くわ》える。

⑰ 北《きた》をさす。

⑱ 傘《かさ》をさす。

⑲ 赤《あか》ちゃんがたつ。

⑳ 高《たか》いビルがたつ。

学習日
月
日

答えは別冊18ページ

観点別チェック② 同訓異字——2

▼——を漢字に直して送りがなも書きましょう。

□ ① 仕事《しごと》を**はじめる**。

□ ② **はじめて**話《はな》す。

□ ③ 風邪《かぜ》が**なおる**。

□ ④ 機械《きかい》が**なおる**。

□ ⑤ **あつい**車内《しゃない》。

□ ⑥ **あつい**本《ほん》。

□ ⑦ **あつい**お茶《ちゃ》。

□ ⑧ 時間《じかん》を**はかる**。

□ ⑨ 重《おも》さを**はかる**。

□ ⑩ 広《ひろ》さを**はかる**。

□ ⑪ 災害《さいがい》に**そなえる**。

□ ⑫ 線香《せんこう》を**そなえる**。

□ ⑬ 仏教《ぶっきょう》の教《おし》えを**とく**。

□ ⑭ 算数《さんすう》の問題《もんだい》を**とく**。

□ ⑮ **した**で味《あじ》わう。

□ ⑯ 階段《かいだん》の**した**で待《ま》つ。

□ ⑰ 木《こ》の**は**を掃《は》く。

□ ⑱ **は**医者《いしゃ》に行《い》く。

□ ⑲ お湯《ゆ》を**さます**。

□ ⑳ 目《め》を**さます**。

学習日

月

日

▸▸▸ 答えは別冊18ページ

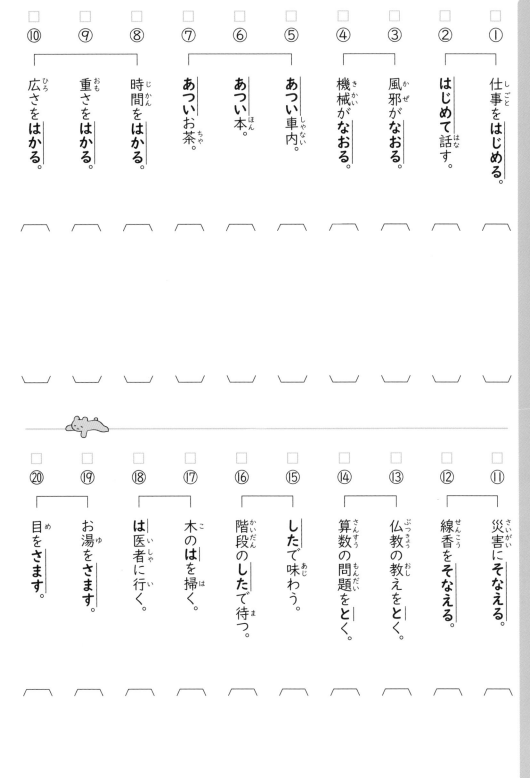

観点別チェック③ 同音異義語――1

▼――を漢字に直して書きましょう。

① 途中《とちゅう》から**さいかい**する。

② 幼《おさな》なじみと**さいかい**する。

③ **じしん**がつく。

④ じ分《ぶん》**じしん**の考《かんが》え。

⑤ **しゅうかん**誌《し》を読《よ》む。

⑥ 早起《はやお》きの**しゅうかん**。

⑦ **ぜったい**ぜつ命《めい》。

⑧ **ぜったい**に忘《わす》れない。

⑨ 国語《こくご》**じてん**。

⑩ 百科《ひゃっか》**じてん**。

⑪ **こうえん**で遊《あそ》ぶ。

⑫ 作家《さっか》の**こうえん**を聞《き》く。

⑬ **こうか**な宝石《ほうせき》。

⑭ 薬《くすり》の**こうか**が出《で》る。

⑮ 大型《おおがた》の**きかい**。

⑯ またとない**きかい**。

⑰ **ようい**に解決《かいけつ》できる。

⑱ 持《も》ち物《もの》を**ようい**する。

⑲ 未来《みらい》を**よち**する。

⑳ 改善《かいぜん》の**よち**がある。

学習日 月 日

▶▶▶ 答えは別冊18ページ

観点別チェック④ 同音異義語——2

▼——を漢字に直して書きましょう。

① **せいかく**に数《かぞ》える。

② 真面目《まじめ》な**せいかく**。

③ 親友《しんゆう》と**ぜっこう**する。

④ **ぜっこう**の機会《きかい》。

⑤ 部下《ぶか》に**しじ**する。

⑥ 内閣《ないかく》**しじ**率《りつ》。

⑦ 文書《ぶんしょ》を**こうかい**する。

⑧ 太平洋《たいへいよう》を**こうかい**する。

⑨ **せいとう**を立《た》ち上《あ》げる。

⑩ **せいとう**な理由《りゆう》。

⑪ 水《みず》**いがい**は飲《の》まない。

⑫ **いがい**な一面《いちめん》。

⑬ 人工《じんこう》**えいせい**。

⑭ **えいせい**的《てき》な環境《かんきょう》。

⑮ 著者《ちょしゃ》の**いこう**に沿《そ》う。

⑯ 明日《あす》**いこう**は暑《あつ》い。

⑰ 徐々《じょじょ》に**いこう**する。

⑱ 店《みせ》を**かいそう**する。

⑲ **かいそう**電車《でんしゃ》。

⑳ 昔《むかし》を**かいそう**する。

学習日 月 日

答えは別冊18ページ

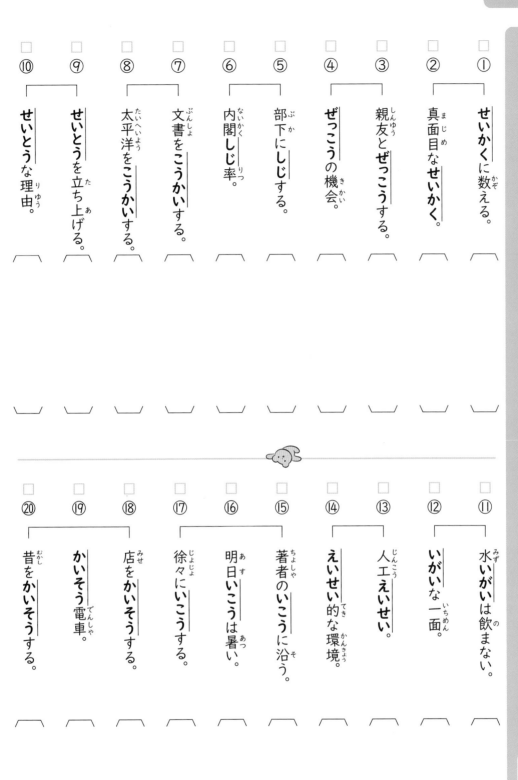

観点別チェック⑤ 同音異義語――3

▼――を漢字に直して書きましょう。

学習日　月　日

□ ① **へいこう**四辺形《しへんけい》。

□ ② 暑《あつ》さに**へいこう**する。

□ ③ 生命《せいめい》**ほけん**。

□ ④ **ほけん**所《じょ》。

□ ⑤ **じき**が来《き》たら話《はな》す。

□ ⑥ **じき**社長《しゃちょう》と目《もく》される。

□ ⑦ 合計《ごうけい》を**さんしゅつ**する。

□ ⑧ 石油《せきゆ》を**さんしゅつ**する。

□ ⑨ **しんしん**の作《さっ》家《か》。

□ ⑩ **しんしん**のけん康《こう》。

□ ⑪ **かせつ**住宅《じゅうたく》で過《す》ごす。

□ ⑫ **かせつ**を立《た》てる。

□ ⑬ **きかん**限定《げんてい》の商品《しょうひん》。

□ ⑭ 行政《ぎょうせい》**きかん**。

□ ⑮ 速度《そくど》を**きせい**する。

□ ⑯ 年末《ねんまつ》、実家《じっか》に**きせい**する。

□ ⑰ 方法《ほうほう》を**けんとう**する。

□ ⑱ 大体《だいたい》の**けんとう**がつく。

□ ⑲ 強《つよ》い**いし**を持《も》つ。

□ ⑳ **いし**を決定《けってい》する。

▶▶▶ 答えは別冊18ページ

観点別チェック⑥ 同音異義語――4

▼――を漢字に直して書きましょう。

□ ① 牛乳《ぎゅうにゅう》を**せいさん**する。

□ ② 費用《ひよう》を**せいさん**する。

□ ③ **こじん**をしのぶ会《かい》。

□ ④ **こじん**的《てき》な意見《いけん》。

□ ⑤ **こうせい**な取引《とりひき》。

□ ⑥ 家族《かぞく》の**こうせい**。

□ ⑦ **こうせい**に残《のこ》す。

□ ⑧ 自画像《じがぞう》の**せいさく**。

□ ⑨ 映画《えいが》の**せいさく**。

□ ⑩ 経済《けいざい》**せいさく**を論《ろん》じる。

□ ⑪ 箱《はこ》の**たいせき**を量《はか》る。

□ ⑫ 途中《とちゅう》で**たいせき**する。

□ ⑬ **しょうすう**第一位《だいいちい》。

□ ⑭ **しょうすう**派《は》の意見《いけん》。

□ ⑮ 気持《きも》ちが**せんこう**する。

□ ⑯ **せんこう**結果《けっか》の連絡《れんらく》。

□ ⑰ 緊急《きんきゅう》**じたい**に陥《おち》る。

□ ⑱ 議長《ぎちょう》を**じたい**する。

□ ⑲ **てんか**を統一《とういつ》する。

□ ⑳ ガスを**てんか**する。

学習日
月
日

▸▸▸ 答えは別冊18ページ

観点別チェック⑦ 同じ部首の漢字——1

▼——を漢字に直して送りがなも書きましょう。

学習日　月　日

①〜⑤

□ ① 雨《あめ》**も**様《よう》。

□ ② 契約《けいやく》**じょう**件《けん》。

□ ③ 出版《しゅっぱん》**ぎょう**界《かい》。

□ ④ 点《てん》**けん**する。

□ ⑤ **さくら**の花《はな》びら。

⑥〜⑩

□ ⑥ 通《つう》**やく**する。

□ ⑦ **しゃ**罪《ざい》する。

□ ⑧ **ご**衛《えい》する。

□ ⑨ **けい**備《び》する。

□ ⑩ **ご**解《かい》する。

⑪〜⑮

□ ⑪ **しょう**心《しん》を癒《い》やす。

□ ⑫ **かわり**に返事《へんじ》をする。

□ ⑬ **じん**義《ぎ》を重《おも》んじる。

□ ⑭ 恋人《こいびと》に**たより**を出《だ》す。

□ ⑮ 景気回復《けいきかいふく》の兆《ちょう》**こう**。

⑯〜⑳

□ ⑯ 作家《さっか》の**い**作《さく》。

□ ⑰ 人口《じんこう》**か**多《た》。

□ ⑱ 外国《がいこく》に**ゆう**学《がく》する。

□ ⑲ **ぞう**作《さ》もない。

□ ⑳ **ぎゃく**転《てん》して勝《か》った。

▸▸▸ 答えは別冊18ページ

観点別チェック⑧ 同じ部首の漢字――2

▼――を漢字に直して送りがなも書きましょう。

□ ① 財布《さいふ》を**おとす**。
□ ② **いばら**の道《みち》。
□ ③ **ちょ**名《めい》な人物《じんぶつ》。
□ ④ 常備《じょうび》**さい**。
□ ⑤ 麦《ばく》**が**はビールの原料《げんりょう》だ。
□ ⑥ **けつ**別《べつ》する。
□ ⑦ **えん**算《ざん》する。
□ ⑧ 新《にい》**がた**県《けん》の宿《やど》。
□ ⑨ **げき**白《はく》する。
□ ⑩ 語《ご》**げん**を調《しら》べる。

□ ⑪ 一日千《いちじつせん》**しゅう**。
□ ⑫ **こく**倉地帯《そうちたい》。
□ ⑬ 工《こう》**てい**を管理《かんり》する。
□ ⑭ 期待《きたい》を**よせる**。
□ ⑮ 人口《じんこう》**みつ**度《ど》が高《たか》い。
□ ⑯ **よう**器《き》に入《い》れる。
□ ⑰ ヨーロッパの**れっ**国《こく》。
□ ⑱ 薬《くすり》の**ふく**作用《さよう》。
□ ⑲ 腹《はら》を**わる**。
□ ⑳ 紙幣《しへい》の**さっ**新《しん》。

学習日
月
日

▸▸▸ 答えは別冊18ページ

観点別チェック⑨ 形の似た漢字──1

▼──を漢字に直して送りがなも書きましょう。

□ ① 無理《むり》を言《い》われて**こまる**。

□ ② 原《げん》**いん**を探《さぐ》る。

□ ③ 筋《きん》**りょく**をつける。

□ ④ 日本《にほん》**とう**を飾《かざ》る。

□ ⑤ **はん**分《ぶん》に割《わ》る。

□ ⑥ **ひつじ**の群《む》れ。

□ ⑦ 世界《せかい》**りょ**行《こう》に行《い》く。

□ ⑧ 家《か》**ぞく**で外食《がいしょく》する。

□ ⑨ 理《り》**ゆう**を話《はな》す。

□ ⑩ 異議《いぎ》を**もう**し立《た》てる。

□ ⑪ 成《せい》**せき**が上《あ》がる。

□ ⑫ 容《よう》**せき**を量《はか》る。

□ ⑬ 一万円《いちまんえん》**さつ**。

□ ⑭ **れい**節《せつ》を守《まも》る。

□ ⑮ **ふとい**幹《みき》。

□ ⑯ **いぬ**を飼《か》う。

□ ⑰ 小石《こいし》を**ひろう**。

□ ⑱ ごみ箱《ばこ》に**すてる**。

□ ⑲ **えん**岸《がん》の警備隊《けいびたい》。

□ ⑳ 毎日《まいにち》、入《にゅう》**よく**する。

学習日
月
日

▸▸▸ 答えは別冊19ページ

観点別チェック⑩ 形の似た漢字――2

▼――を漢字に直して送りがなも書きましょう。

① 死《し》**ぼう**の原因《げんいん》。

② **なな**色《いろ》の虹《にじ》。

③ **さら**が割《わ》れる。

④ **ち**が流《なが》れる。

⑤ 動物園《どうぶつえん》の**くま**。

⑥ 積極的《せっきょくてき》な**たい**度《ど》。

⑦ **み**来《らい》の社会《しゃかい》。

⑧ 努力《どりょく》した**すえ**の勝利《しょうり》。

⑨ **さく**日《じつ》の出来事《できごと》。

⑩ 金賞《きんしょう》の**さく**品《ひん》。

⑪ **ご**後《ご》から出《で》かける。

⑫ **ぎゅう**肉《にく》を焼《や》く。

⑬ 親《おや》**こう**行《こう》をする。

⑭ 文章《ぶんしょう》を**かんがえる**。

⑮ 荷物《にもつ》を**もつ**。

⑯ 母《はは》が来《く》るのを**まつ**。

⑰ **あたま**を洗《あら》う。

⑱ **かお**が似《に》ている。

⑲ 劇《げき》の主《しゅ》**やく**。

⑳ ボールを**なげる**。

学習日 月 日

答えは別冊19ページ

観点別チェック⑪ 送りがな——1

▼——を漢字に直して送りがなも書きましょう。

□ ① **あたらしい**洋服《ようふく》を着《き》る。

□ ② 約束《やくそく》は**かならず**守《まも》る。

□ ③ 道《みち》**なかば**で諦《あきら》める。

□ ④ 王様《おうさま》に**つかえる**。

□ ⑤ くじで**はずれる**。

□ ⑥ **こまかい**字《じ》の本《ほん》。

□ ⑦ 効果《こうか》を**たしかめる**。

□ ⑧ 要求《ようきゅう》に**こたえる**。

□ ⑨ 信頼《しんらい》を**うしなう**。

□ ⑩ 上体《じょうたい》を**そらす**。

□ ⑪ 仏像《ぶつぞう》を**おがむ**。

□ ⑫ 銀行《ぎんこう》にお金《かね》を**あずける**。

□ ⑬ 誘《さそ》いを**ことわる**。

□ ⑭ **にがい**薬《くすり》を飲《の》む。

□ ⑮ **さいわい**、軽傷《けいしょう》だった。

□ ⑯ **つめたい**水《みず》を浴《あ》びる。

□ ⑰ 態度《たいど》を**あらためる**。

□ ⑱ 正《ただ》しい方《ほう》に**みちびく**。

□ ⑲ **やさしい**問題《もんだい》から解《と》く。

□ ⑳ 道《みち》が十字《じゅうじ》に**まじわる**。

学習日
月
日

答えは別冊19ページ

観点別チェック⑫ 送りがな——2

▼——を漢字に直して送りがなも書きましょう。

学習日 月 日

□ ① 真実《しんじつ》が**あきらか**になる。

□ ② 優勝《ゆうしょう》を**あらそう**。

□ ③ 解決《かいけつ》を**こころみる**。

□ ④ 人前《ひとまえ》に姿《すがた》を**あらわす**。

□ ⑤ **こころよい**返事《へんじ》。

□ ⑥ 役者《やくしゃ》を**こころざす**。

□ ⑦ **おさない**頃《ころ》の思《おも》い出《で》。

□ ⑧ 空気《くうき》を**あたためる**。

□ ⑨ 部下《ぶか》を**ひきいる**。

□ ⑩ **もっとも**背《せ》が高《たか》い動物《どうぶつ》。

□ ⑪ 念仏《ねんぶつ》を**となえる**。

□ ⑫ 詳《くわ》しいことは**はぶく**。

□ ⑬ **ただちに**東京《とうきょう》に向《む》かう。

□ ⑭ 家族《かぞく》を**やしなう**。

□ ⑮ 新居《しんきょ》を**かまえる**。

□ ⑯ 会長《かいちょう》の座《ざ》を**しりぞく**。

□ ⑰ 計算《けいさん》を**あやまる**。

□ ⑱ **きびしい**指導《しどう》。

□ ⑲ 下《した》から**ささえる**。

□ ⑳ 上級生《じょうきゅうせい》に**さからう**。

▸▸▸ 答えは別冊19ページ

観点別チェック⑬ まちがえやすい熟語―1

▼――を漢字に直して書きましょう。

学習日　月　日

□ ① 英国《えいこく》の**びじゅつかん**。

□ ② 絹織物《きぬおりもの》を**ゆにゅう**する。

□ ③ **ちゅうこく**に従《したが》う。

□ ④ **しょうてんがい**に近《ちか》い。

□ ⑤ **ぼうえんきょう**をのぞく。

□ ⑥ **しょうわじだい**の歌《うた》。

□ ⑦ **たんよんでんち**を使《つか》う。

□ ⑧ 首脳《しゅのう》が**かいだん**する。

□ ⑨ **きゅうなんしんごう**を出《だ》す。

□ ⑩ サーバーの**こしょう**。

□ ⑪ 駅前《えきまえ》の**けいび**をする。

□ ⑫ **じんこうえいせい**。

□ ⑬ 二月《にがつ》の**せきせつりょう**。

□ ⑭ **しゅうしゅく**と拡張《かくちょう》。

□ ⑮ **りくじょうきょうぎ**。

□ ⑯ **けんきゅうせいか**を示《しめ》す。

□ ⑰ **こういんしょう**を持《も》つ。

□ ⑱ **でんしき**を接続《せつぞく》する。

□ ⑲ 新《あら》たな**にんむ**に就《つ》く。

□ ⑳ 憲法《けんぽう》の**じょうぶん**を読《よ》む。

▸▸▸ 答えは別冊19ページ

観点別チェック⑭ まちがえやすい熟語―2

▼――を漢字に直して書きましょう。

□ ① **てきせつ**な判断《はんだん》をする。

□ ② **かいぜん**方法《ほうほう》の検討《けんとう》。

□ ③ 初《はじ》めて**けいけん**する。

□ ④ 飛行機《ひこうき》を**そうじゅう**する。

□ ⑤ **ほけつ**の選手《せんしゅ》。

□ ⑥ 人口《じんこう》が**げんしょう**する。

□ ⑦ 不要品《ふようひん》の**しょぶん**。

□ ⑧ **しょうちくばい**。

□ ⑨ 大臣《だいじん》が**えんぜつ**する。

□ ⑩ **こううん**にも当選《とうせん》した。

□ ⑪ 書記《しょき》を**たんとう**する。

□ ⑫ **じゅうしょう**を負《お》う。

□ ⑬ **しょうめい**を暗《くら》くする。

□ ⑭ 入室《にゅうしつ》を**きょか**する。

□ ⑮ 小麦粉《こむぎこ》を**ほぞん**する。

□ ⑯ **いちょう**を検査《けんさ》する。

□ ⑰ 白熱《はくねつ》した**ぎろん**。

□ ⑱ 政治学《せいじがく》の**せんもんか**。

□ ⑲ **けんこう**的《てき》な活動《かつどう》。

□ ⑳ 知識量《ちしきりょう》に**かんしん**する。

学習日　月　日

▸▸▸ 答えは別冊19ページ

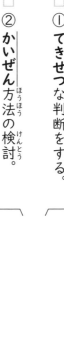

観点別チェック

最終チェック問題⑥

学習日　月　日

1 【同じ読み】

――を漢字に直して書きましょう。

① 洋服《ようふく》を**かう**。
② 犬《いぬ》を室内《しつない》で**かう**。
③ **のう**の手術《しゅじゅつ》をする。
④ 有《ゆう》**のう**な社員《しゃいん》。
⑤ 病気《びょうき》で**しぼう**する。
⑥ K高校《こうこう》を**しぼう**する。
⑦ **じこ**紹介《しょうかい》をする。
⑧ 交通《こうつう》**じこ**が起《お》きる。
⑨ **しきゅう**、人《ひと》を呼《よ》ぶ。
⑩ 制服《せいふく》を**しきゅう**する。

2 【似た形】

――を漢字に直して書きましょう。

① **べっ**冊《さつ》の付録《ふろく》。
② 校庭《こうてい》に整《せい》**れつ**する。
③ **だん**体《たい》で行動《こうどう》する。
④ **くに**の旗《はた》を振《ふ》る。
⑤ **おん**返《がえ》しをする。
⑥ 顔《かお》を**おも**い出《だ》す。
⑦ **さくら**の花《はな》びら。
⑧ **うめ**の実《み》が潰《つぶ》れる。
⑨ **せつ**備《び》の点検《てんけん》。
⑩ **せつ**明書《めいしょ》を読《よ》む。

▸▸▸ 答えは別冊19ページ

3 【送りがな】

――を漢字に直して送りがなも書きましょう。

① 命《いのち》に**かかわる**問題《もんだい》。

② 塩《しお》を**くわえる**。

③ 畑《はたけ》を**たがやす**。

④ **うつくしい**景色《けしき》。

⑤ 孫《まご》の誕生《たんじょう》を**よろこぶ**。

⑥ **まったく**寒《さむ》くない。

⑦ 入学式《にゅうがくしき》を**おこなう**。

⑧ おじとは**したしい**。

⑨ **けわしい**山《やま》に登《のぼ》る。

⑩ 紙《かみ》とペンを**もちいる**。

4 【四字熟語】

漢字に直して書きましょう。

① いっせきにちょう

② じゅうにんといろ

③ でんこうせっか

④ ここんとうざい

⑤ くうぜんぜつご

⑥ じきゅうじそく

⑦ いっしんいったい

⑧ じがじさん

⑨ いくどうおん

⑩ じゆうじざい

▸▸▸ 答えは別冊19ページ

小学校で学ぶ漢字一〇二六字画数順リスト

※同じ画数の字は、学習する学年順に示しています。
※漢字の画数は、ひと筆で書く部分を一画として数えます。

1画
一①

2画
九① 七① 十① 人① 二① 入① 八① 力① 刀② 丁③

3画
口① 下① 三① 山① 子① 女① 小① 上① 夕① 千① 川① 大① 土① 丸② 弓② 工② 才② 万② 久⑤ 士⑤ 干⑥ 己⑥ 寸⑥ 亡⑥

4画
円① 王① 火① 月① 犬① 五① 手① 水① 中① 天① 日① 文① 木① 六① 引② 牛② 元② 戸② 午② 公② 今② 止② 少② 心② 切② 太② 内② 父② 分② 方② 毛② 友② 化③ 区③ 反③ 予③ 欠④ 氏④ 井④ 不④ 夫④ 支⑤ 比⑤ 仏⑤ 尺⑥ 収⑥ 仁⑥ 片⑥

5画
右① 玉① 左① 四① 出① 正① 生① 石① 田① 白① 本① 目① 立① 外② 兄② 古② 広② 市② 矢② 台② 冬② 半② 母② 北② 用② 央③ 去③ 号③ 皿③ 仕③ 写③ 主③ 申③ 世③ 他③ 打③ 代③ 皮③ 氷③ 平③ 由③ 礼④ 以④ 加④ 功④ 札④ 司④ 失④ 必④ 付④ 辺④ 包④ 末④ 未④ 民④ 令④ 圧⑤ 永⑤ 可⑤ 刊⑤ 旧⑤ 句⑤ 史⑤ 示⑤ 犯⑤ 布⑤ 弁⑤ 穴⑥ 冊⑥ 処⑥ 庁⑥ 幼⑥

6画
気① 休① 糸① 字① 耳① 先① 早① 竹① 虫① 年① 百① 名① 羽② 回② 会② 交② 光② 考② 行② 合② 寺② 自② 色② 西② 多② 地② 池② 当② 同② 肉② 米② 毎② 安③ 曲③ 血③ 向③ 死③ 次③ 式③ 守③ 州③ 全③ 有③ 羊③ 両③ 列③ 衣④ 印④ 各④ 共④ 好④ 成④ 争④ 仲④ 兆④ 伝④ 灯④ 老④ 因⑤ 仮⑤ 件⑤ 再⑤ 在⑤ 団⑤ 任⑤ 宇⑥ 灰⑥ 危⑥ 机⑥ 吸⑥ 后⑥ 至⑥ 舌⑥ 存⑥ 宅⑥

7画
花① 貝① 見① 車① 赤① 足① 村① 男① 町① 何② 角② 汽② 近② 形②

返	坂	豆	投	対	身	助	住	決	君	局	究	医	里	来	麦	売	弟	体	走	声	図	社	作	谷	言
3	3	3	3	3	3	3	3	3	3	3	3	3	2	2	2	2	2	2	2	2	2	2	2	2	2

囲	労	冷	良	利	別	兵	阪	努	低	沖	束	折	臣	初	児	材	佐	芸	求	希	岐	完	改	位	役
5	4	4	4	4	4	4	4	4	4	4	4	4	4	4	4	4	4	4	4	4	4	4	4	4	3

8画	卯	乱	忘	批	否	私	困	孝	系	我	余	防	判	状	条	序	似	志	災	告	均	技	快	応
	6	6	6	6	6	6	6	6	6	6	5	5	5	5	5	5	5	5	5	5	5	5	5	5

苦	岸	泳	育	委	夜	門	明	妹	歩	東	店	直	長	知	姉	国	京	岩	画	林	青	空	金	学	雨
3	3	3	3	3	2	2	2	2	2	2	2	2	2	2	2	2	2	2	2	1	1	1	1	1	1

果	岡	英	和	油	命	味	放	物	服	表	板	波	定	注	昔	所	受	取	者	実	事	始	使	幸	具
4	4	4	3	3	3	3	3	3	3	3	3	3	3	3	3	3	3	3	3	3	3	3	3	3	3

価	往	易	例	牧	法	阜	府	念	奈	典	的	底	卒	松	周	治	参	刷	固	径	協	泣	季	官	芽
5	5	5	4	4	4	4	4	4	4	4	4	4	4	4	4	4	4	4	4	4	4	4	4	4	4

垂	承	宗	若	刻	呼	券	供	拡	沿	延	武	非	肥	版	毒	性	制	招	述	舎	枝	妻	効	居	河
6	6	6	6	6	6	6	6	6	6	6	5	5	5	5	5	5	5	5	5	5	5	5	5	5	5

前	星	食	春	秋	首	室	思	後	計	活	海	科	草	音	9画	枚	宝	並	拝	乳	届	忠	宙	担
2	2	2	2	2	2	2	2	2	2	2	2	2	1	1		6	6	6	6	6	6	6	6	6

追	柱	炭	待	送	相	神	乗	昭	重	拾	持	指	県	研	係	級	急	客	界	屋	風	南	点	昼	茶
3	3	3	3	3	3	3	3	3	3	3	3	3	3	3	3	3	3	3	3	3	2	2	2	2	2

約	便	変	飛	栃	単	浅	省	信	城	祝	昨	香	建	軍	栄	茨	洋	面	負	品	秒	美	発	畑	度
4	4	4	4	4	4	4	4	4	4	4	4	4	4	4	4	4	3	3	3	3	3	3	3	3	3

専	宣	姿	砂	紅	皇	看	巻	革	映	胃	迷	保	独	則	祖	政	査	厚	故	限	型	逆	紀	要	勇
6	6	6	6	6	6	6	6	6	6	6	5	5	5	5	5	5	5	5	5	5	5	5	5	4	4

員③ 馬② 通② 書② 弱② 時② 紙② 高② 原② 帰② 記② 家② 夏② 校①

10画

律⑥ 肺⑥ 背⑥ 派⑥ 段⑥ 退⑥ 奏⑥ 染⑥ 洗⑥ 泉⑥

差④ 候④ 郡④ 訓④ 挙④ 害④ 案④ 旅③ 流③ 勉③ 病③ 倍③ 配③ 島③ 庭③ 速③ 息③ 真③ 消③ 酒③ 根③ 庫③ 宮③ 起③ 荷③ 院③

能⑤ 造⑤ 素⑤ 修⑤ 師⑤ 殺⑤ 財⑤ 航⑤ 耕⑤ 個⑤ 格⑤ 桜⑤ 益⑤ 連④ 料④ 浴④ 梅④ 特④ 徒④ 帯④ 孫④ 倉④ 席④ 笑④ 借④ 残④

秘⑥ 班⑥ 俳⑥ 納⑥ 党⑥ 討⑥ 展⑥ 値⑥ 針⑥ 将⑥ 除⑥ 純⑥ 従⑥ 射⑥ 蚕⑥ 座⑥ 骨⑥ 降⑥ 胸⑥ 株⑥ 恩⑥ 留⑤ 容⑤ 脈⑤ 粉⑤ 破⑤

章③ 商③ 宿③ 習③ 終③ 祭③ 球③ 悪③ 理② 野② 鳥② 組② 船② 雪② 週② 細② 黒② 黄② 教② 強② 魚②

11画

朗⑥ 陛⑥ 俵⑥

敗④ 梨④ 側④ 巣④ 清④ 唱④ 鹿④ 産④ 崎④ 埼④ 菜④ 康④ 健④ 械④ 貨④ 問③ 部③ 動③ 都③ 転③ 笛③ 帳③ 第③ 族③ 進③ 深③

断⑤ 率⑤ 設⑤ 接⑤ 責⑤ 情⑤ 常⑤ 術⑤ 授⑤ 採⑤ 混⑤ 現⑤ 険⑤ 経⑤ 許⑤ 救⑤ 規⑤ 寄⑤ 基⑤ 眼⑤ 液⑤ 移⑤ 陸④ 望④ 副④ 票④

郵⑥ 訳⑥ 密⑥ 訪⑥ 閉⑥ 脳⑥ 頂⑥ 著⑥ 探⑥ 窓⑥ 盛⑥ 推⑥ 捨⑥ 視⑥ 済⑥ 郷⑥ 域⑥ 異⑥ 略⑤ 務⑤ 婦⑤ 貧⑤ 得⑤ 堂⑤ 停⑤ 張⑤

歯③ 港③ 湖③ 軽③ 期③ 寒③ 階③ 開③ 温③ 運③ 飲③ 番② 買② 道② 答② 朝② 晴② 場② 間② 絵② 雲② 森①

12画

翌⑥ 欲⑥

散④ 最④ 結④ 景④ 極④ 給④ 覚④ 街④ 賀④ 媛④ 落③ 陽③ 葉③ 遊③ 筆③ 悲③ 童③ 等③ 登③ 湯③ 着③ 短③ 植③ 勝③ 暑③ 集③

提⑤ 貯⑤ 貸⑤ 属⑤ 測⑤ 絶⑤ 税⑤ 象⑤ 証⑤ 減⑤ 検⑤ 喜⑤ 過⑤ 営⑤ 量④ 無④ 満④ 富④ 飯④ 博④ 達④ 隊④ 然④ 焼④ 順④ 滋④

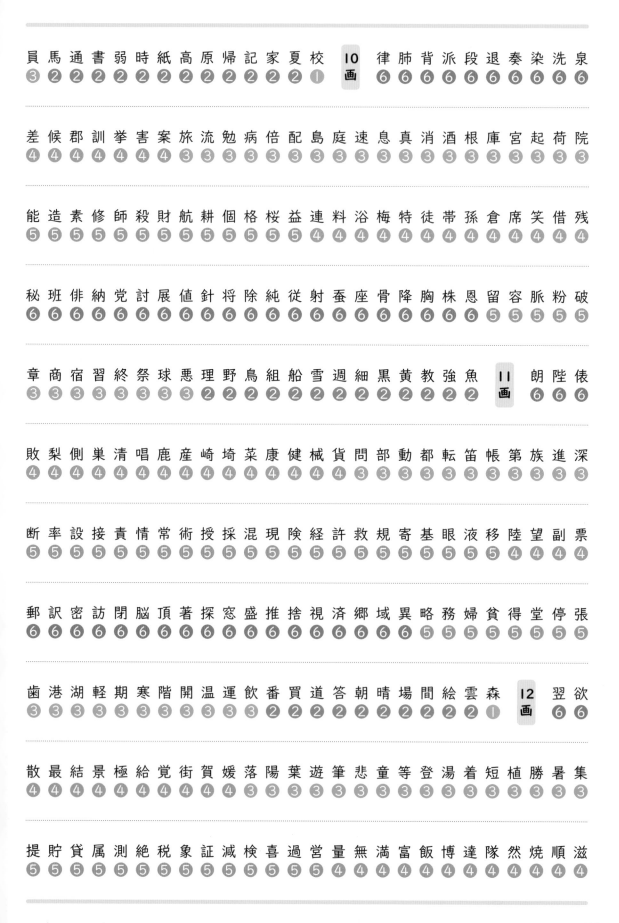

補 晩 痛 尊 装 創 善 衆 就 詞 策 裁 敬 筋 勤 貴 揮 割 貿 報 復 評 備 費 統 程
6 6 6 6 6 6 6 6 6 6 6 6 6 6 6 6 6 6 5 5 5 5 5 5 5 5

辞 試 群 塩 愛 路 福 農 鉄 想 詩 業 漢 感 意 暗 話 電 数 新 楽 遠 園 **13画** 棒
4 4 4 4 4 3 3 3 3 3 3 3 3 3 3 3 2 2 2 2 2 2 2 6

聖 蒸 傷 署 源 絹 夢 豊 墓 損 勢 準 飼 資 罪 鉱 禁 義 幹 解 働 置 続 戦 節 照
6 6 6 6 6 6 5 5 5 5 5 5 5 5 5 5 5 5 5 5 4 4 4 4 4 4

旗 関 管 練 緑 様 鼻 銀 駅 鳴 聞 読 算 語 歌 **14画** 裏 預 盟 幕 腹 賃 腸 暖 誠
4 4 4 3 3 3 3 3 3 2 2 2 2 2 2 6 6 6 6 6 6 6 6 6

歴 領 綿 複 銅 適 態 増 像 総 製 精 酸 雑 際 構 境 慣 演 徳 説 静 種 察 熊 漁
5 5 5 5 5 5 5 5 5 5 5 5 5 5 5 5 5 5 5 4 4 4 4 4 4 4

熱 選 縄 器 潟 課 億 箱 調 談 横 線 **15画** 模 暮 認 層 銭 障 磁 誌 穀 誤 疑 閣
4 4 4 4 4 4 4 3 3 3 3 2 6 6 6 6 6 6 6 6 6 6 6 6

館 頭 親 **16画** 論 敵 潮 誕 蔵 諸 熟 権 劇 遺 暴 編 導 賞 質 賛 潔 確 輪 養 標
3 2 2 6 6 6 6 6 6 6 6 6 6 5 5 5 5 5 5 5 5 4 4 4

縮 厳 績 謝 講 **17画** 奮 糖 操 縦 樹 鋼 憲 激 輸 燃 築 興 衛 録 積 機 薬 整 橋
6 6 5 5 5 6 6 6 6 6 6 6 6 5 5 5 5 5 4 4 4 3 3 3

議 **20画** 臓 警 識 鏡 願 **19画** 臨 難 簡 職 織 額 類 験 観 題 曜 顔 **18画** 覧 優
4 6 6 5 4 4 6 6 6 5 5 5 4 4 4 3 2 2 6 6

護 競
5 4

小学全漢字1026
覚え残し0問題集！

2023年11月14日　初版第1刷発行

カバー・本文デザイン　喜來詩織（エントツ）
カバー・本文イラスト　かりた

編集協力　株式会社カルチャー・プロ　皆川弘介
組版　株式会社シーアンドシー

発行人　志村直人
発行所　株式会社くもん出版
〒141-8488 東京都品川区東五反田2-10-2
東五反田スクエア11F
編集　03(6836)0317
営業　03(6836)0305
代表　03(6836)0301
印刷・製本　株式会社精興社

Printed in Japan
ISBN: 978-4-7743-3567-4

CD:57359
くもん出版ホームページ　http://www.kumonshuppan.com/

小学全漢字1026 覚え残し0《ゼロ》問題集！

別冊解答

答え

漢字力診断《しんだん》チェックテスト①（5・6ページ）答え

▼漢字一字ずつに☑をつけ、学年ごとのまちがえた数を出しましょう。

① 三本の矢を射《い》る。
② 列《れつ》の先頭を走る。
③ 元気がでる。
④ 市役所《やくしょ》に立ち寄《よ》る。
⑤ 雨天で中止する。
⑥ 弟は算数が好《す》きだ。
⑦ 西の方角に進《すす》む。
⑧ 黄色の絵の具《ぐ》。
⑨ 今夜は雪が降《ふ》る。
⑩ 星に願《ねが》う。

⑪ 昼間は晴れて暑《あつ》い。
⑫ 夏は麦茶を飲《の》む。
⑬ 四万円を払《はら》う。
⑭ 古い車を売る。
⑮ 森林の香《かお》り。
⑯ 直ちに出発《ぱつ》する。
⑰ 番犬を飼《か》う。
⑱ 白い雲が漂《ただよ》う。
⑲ 家に帰る。
⑳ 少し考える。

㉑ 地図を見《み》る。
㉒ 千里の馬。
㉓ 交通ルールを守《まも》る。
㉔ 午後に宿題《しゅくだい》をする。
㉕ うわさを耳にする。
㉖ 早朝に起《お》きる。
㉗ 母に電話をかける。
㉘ ダムの貯《ちょ》水池。
㉙ 音の強弱をつける。
㉚ 友じんを大切にする。

㉛ 岩石が落《お》ちる。

㉜ 東京都《と》の人口。

㉝ 北海道の冬は寒《さむ》い。

㉞ いっ糸乱《みだ》れぬ動《うご》き。

㉟ 鉛筆《えんぴつ》で記す。

㊱ 秋に遠足にいく。

㊲ 同じ服《ふく》を着《き》た親子。

㊳ お寺の正門。

㊴ 川で魚を釣《つ》る。

㊵ ことばを引用する。

㊶ 原点に戻《もど》ってかんがえる。

㊷ 首を左右に振《ふ》る。

㊸ 木かげで休む。

㊹ 来週が楽しみだ。

㊺ がい国の言語。

㊻ 野球《きゅう》場は広い。

㊼ 月の半ば。

㊽ 校長のあいさつ。

㊾ 顔が似《に》ている姉と妹。

㊿ 田園風景《けい》。

51 弓の名手。

52 村の外れの社。

53 春の俳句《はいく》。

54 夕食のよう意《い》をする。

55 理科の実験《じっけん》教室。

56 牛肉を火であぶる。

57 何回もたずねる。

58 時かんを計る。

59 目を細める。

60 鳥が南に渡《わた》る。

61 予定《よてい》を空ける。

62 黒い貝をひろう。

63 父と漁《ぎょ》船に乗《の》る。

64 虫の鳴く声。

65 花のなまえを調《しら》べる。

66 新しい歌を覚《おぼ》える。

診断《しんだん》の目安 〉 合計**8**字以上まちがえていたら、要注意。**1**・**2**年生のスピードチェックで全漢字を点検しましょう。

◎ 1年のまちがえた漢字の数…… ＿字

◎ 2年のまちがえた漢字の数…… ＿字

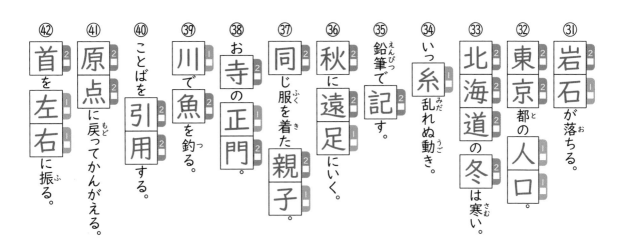

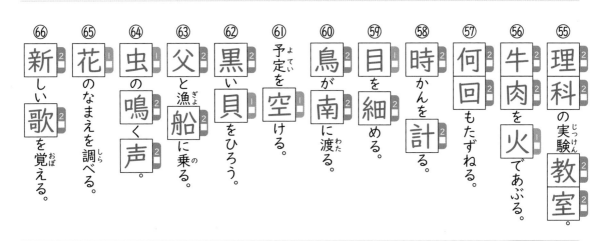

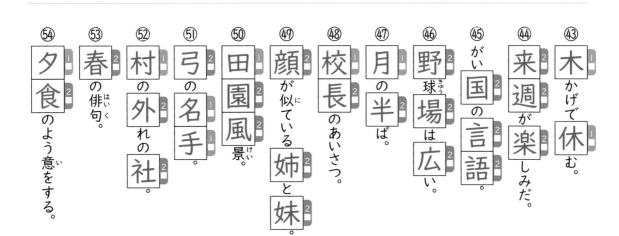

漢字力診断《しんだん》チェックテスト②（7・8ページ）答え

▼漢字一字ずつに☑をつけ、学年ごとのまちがえた数を出しましょう。

① 医者に判断《はんだん》を委ねる。

② お湯の温度を測《はか》る。

③ 菜箸《ばし》で豆を拾う。

④ 愛媛県の気《き》候。

⑤ 家《か》族の健康を願う。

⑥ 外《がい》務《む》大《だい》臣が交《こう》代する。

⑦ 六歳《ろくさい》未満の乗車券《しゃけん》。

⑧ 参加を希望する。

⑨ 勉強《きょう》を始める。

⑩ 屋根に雪《ゆき》が積もる。

---

⑪ 案の定うまくいった。

⑫ 失敗は成功のもと。

⑬ 世界の平和を祈《いの》る。

⑭ 牧草地《そうち》が一《いっ》帯に広《ひろ》がる。

⑮ 料理《り》の研究をする。

⑯ バスが横転する。

⑰ 病院まで車《くるま》で送る。

⑱ 試験管に入《い》れた薬。

⑲ 山《やま》梨けんの梅園《えん》。

⑳ 好きな番組《ばんぐみ》を録画《が》する。

㉑ 緑の服を買《か》う。

㉒ 自《じ》治体《たい》の組織《そしき》。

㉓ 有害な煙《けむり》を出《だ》す。

㉔ 傷《きず》が悪化する。

㉕ 無事に着陸した。

㉖ 駅に近《ちか》い博物館。

㉗ 弟《おとうと》が急に泣き出《だ》した。

㉘ 本《ほん》を借りる。

㉙ 部品を組《く》み立《た》てる。

㉚ 飛行《こう》機で向かう。

㉛ 残念ながら負けた。

㉜ 田《た》植えの季節。

㉝ 弘《こう》法にも筆の誤《あやま》り。

㉞ 静かに遊ぶ。

㉟ 兵隊を集める。

㊱ クラスの旗を作《つく》る。

㊲ 新《にい》潟けん産のお酒。

㊳ 南《なん》極の氷山《ざん》。

㊴ 岐阜けんのお城。

㊵ 様子《す》を見《み》る。

㊶ 郵《ゆう》便局の伝票。

㊷ 漁港でホタテを焼く。

㊸ 湖に波が立《た》つ。

㊹ 年《ねん》賀はがきを出《だ》す。

㊺ 進学《がく》を決意する。

㊻ 王《おう》に仕える。

㊼ 観客に取材する。

㊽ 時間《じかん》を調整する。

㊾ 寒冷地《ち》にすむ熊。

㊿ 都会《かい》に住む。

(51) 鼻から息を吸《す》う。

(52) 順番《ばん》に説明《めい》する。

(53) 橋の間《あいだ》の川《かわ》で泳ぐ。

(54) 昔からある商店《てん》街。

---

(55) 羊が群れる。

(56) 大《たい》量の塩を運ぶ。

(57) 議長《ちょう》を選出《しゅつ》する。

(58) 沖縄で働く。

(59) 庭の照明《めい》をつける。

(60) 消去した写真。

(61) 式典に登壇《だん》する。

(62) 勇気《き》の出《で》る言《こと》葉。

(63) 豊《ほう》富な栄養。

(64) 関連する会社《かいしゃ》。

(65) 卒業生《せい》を祝う。

(66) 暗い坂道《みち》を下《くだ》る。

診断《しんだん》の目安 〉 それぞれ6字以上まちがえていたら、要注意。各学年のスピードチェックで全漢字を点検しましょう。

◎ 3年のまちがえた漢字の数……　　字

◎ 4年のまちがえた漢字の数……　　字

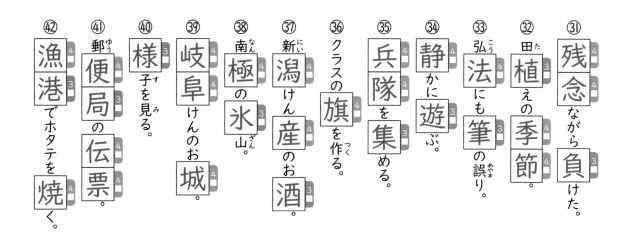

漢字力診断《しんだん》チェックテスト③（9・10ページ）答え

▼漢字一字ずつに☑をつけ、学年ごとのまちがえた数を出しましょう。

① 宇宙の神《しん》秘。

② 私は今《いま》、食《しょく》欲がない。

③ 背筋を伸《の》ばす。

④ 製品開発《ひんかいはつ》の責任者《しゃ》。

⑤ 勤務時間《じかん》が長《なが》い。

⑥ 温《おん》暖な地《ち》域。

⑦ 妻の誕生日《じょうび》。

⑧ 酸性の液体《たい》。

⑨ 尊敬する恩師。

⑩ 会社《かいしゃ》の幹部《ぶ》が謝罪する。

⑪ 乗車《じょうしゃ》券を拝見《けん》する。

⑫ 貴重《ちょう》な財産《さん》。

⑬ 著作物《さくぶつ》を出《しゅつ》版する。

⑭ 神社《じんじゃ》仏閣を巡《めぐ》る。

⑮ 潮の流《なが》れが激しい。

⑯ 映画《が》に興奮する。

⑰ 祖父《ふ》を看護する。

⑱ 敵の勢力《りょく》が広《ひろ》がる。

⑲ 非常識な態度《ど》。

⑳ 明《めい》朗な政治《じ》。

㉑ 学問《がくもん》を修める。

㉒ 皇后陛下《か》の視察《さつ》。

㉓ 教《きょう》授が退官《かん》する。

㉔ 角《かく》砂糖を入《い》れる。

㉕ お金《かね》を寄付《ふ》する。

㉖ 航空機《くうき》の操縦士。

㉗ 方《ほう》針に従う。

㉘ 翌朝《あさ》、腹痛がした。

㉙ 条例《れい》で許容される。

㉚ 厳しく制限する。

㉛ 幕府《ふ》を批判する。

㉜ 果《か》樹園《えん》を探す。

㉝ 脳の手《しゅ》術をする。

㉞ 乱暴な言葉《ことば》づかい。

㉟ 推理《り》小説《しょうせつ》に夢中《ちゅう》だ。

㊱ 雑草《そう》を取《と》り除く。

㊲ 殺人《じん》犯の胸中《ちゅう》。

㊳ 大学《だいがく》の講堂を設計《けい》する。

㊴ 生命《せいめい》が存在する星《ほし》。

㊵ 胃に負《ふ》担がかかる薬《くすり》。

㊶ 簡潔に述べる。

㊷ 団体《たい》を率いる。

㊸ 武器《き》を収納する。

㊹ 防災用品《ようひん》を備える。

㊺ 綿密な計画《けいかく》。

㊻ 郵便《びん》の歴史。

㊼ 適切《せつ》な処置《ち》。

㊽ 質素な暮らし。

㊾ 誤解を招く。

㊿ 肺に穴が空《あ》く病気《びょうき》。

51 父《ちち》の故郷を再訪する。

52 対《たい》策を討議《ぎ》する。

53 警棒を所持《しょじ》する。

54 良《よ》い関係《かんけい》の構築。

55 将軍《ぐん》が眠《ねむ》る墓。

56 臨時《じ》で職員《いん》になる。

57 基準となる数《すう》値。

58 豊富《ふ》な資源。

59 劇が絶賛される。

60 腸を検査する。

61 忘れずに貯金《きん》する。

62 能力《りょく》を発《はっ》揮する。

63 医者《いしゃ》が卵を禁じる。

64 善い行《おこな》いをする。

65 経済を支える。

66 展覧会《かい》の評価。

診断《しんだん》の目安 ＞ それぞれ8字以上まちがえていたら、要注意。各学年のスピードチェックで全漢字を点検しましょう。

◎5年のまちがえた漢字の数…… 字

◎6年のまちがえた漢字の数…… 字

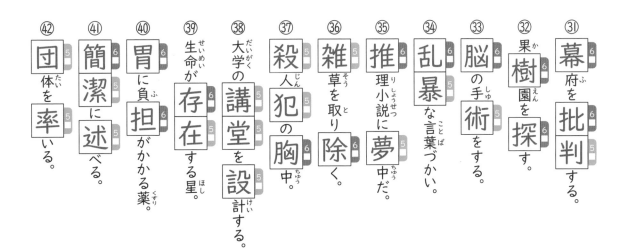

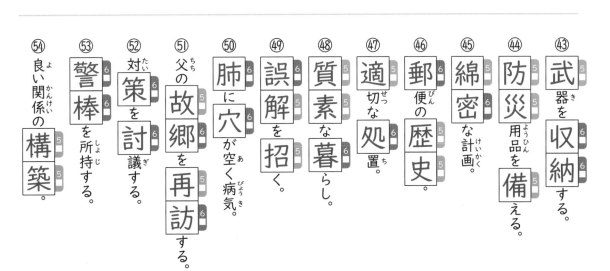

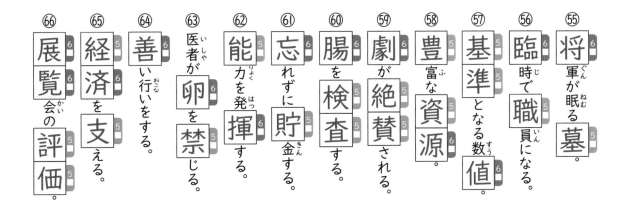

一・二年生の漢字 書き問題スピードチェック①（18ページ）

①一・土 ②左右・見・道 ③雨 ④丸い ⑤王・立
⑥音色・聞こえる ⑦船・川・下る ⑧今週・雨・多い
⑨鳥・鳴・羽 ⑩父・外国・行 ⑪赤・手足 ⑫晴天
⑬十人十色 ⑭形・組・合わせ ⑮目先 ⑯工・場・頭上
⑰電光石火 ⑱二千年前 ⑲竹林・寺 ⑳風船・空

一・二年生の漢字 書き問題スピードチェック②（19ページ）

①今夜・月・明るい ②母・手紙・書 ③家・土台・作る
④姉・大切・花 ⑤電車内 ⑥大学・心理学 ⑦交番・道・聞
⑧語学学校・通う ⑨牛肉・食べる ⑩冬・点火 ⑪工場・見学
⑫夕方・帰る ⑬理科室・人体 ⑭兄・算数・教わる
⑮大きい・声・歌う ⑯水曜日・公園・行 ⑰糸電話・会話
⑱遠・土星・見 ⑲高知・川魚 ⑳本社・東京

一・二年生の漢字 書き問題スピードチェック③（20ページ）

①絵画・名作 ②黒・長い・毛・犬 ③村・活気 ④牛肉・強火
⑤妹・木馬 ⑥西・汽車 ⑦夏・水分 ⑧弟・九・生日
⑨理科・答え ⑩行楽地・出かける ⑪米国大 ⑫父・顔色
⑬強・計画・立てる ⑭百円玉・同じ ⑮日本茶
⑯自分・何回・考える ⑰親切・女・子 ⑱八万円・買・石
⑲五組・男女・走 ⑳用紙・三角

一・二年生の漢字 書き問題スピードチェック④（21ページ）

①黄金・手・入れる ②白線・内・下がる ③野原・雪
④少年少女 ⑤合・後半・出場 ⑥早朝・池・魚 ⑦思・弱音
⑧毎朝・白米 ⑨四時間・歩く ⑩山・海・遠い ⑪新しい・町長
⑫古い・本・読 ⑬友人・合図 ⑭立春・風 ⑮大麦・原・食
⑯秋・鳴・虫 ⑰七草・食べる・風 ⑱売店・本・買 ⑲校門・近い
⑳引火

一・二年生の漢字 書き問題スピードチェック⑤（22ページ）

①時計・直す ②広い・校・走る ③東・上空・雨雲
④外国・言語・学 ⑤歌手・来日 ⑥北 ⑦午前中・家
⑧海・青い・貝 ⑨南口 ⑩森林・空気 ⑪文字・書
⑫細い・風 ⑬国家・元首 ⑭光る・耳 ⑮五分・昼・休み
⑯太い・刀 ⑰春・田 ⑱正午・番組 ⑲六時半 ⑳小さい・玉

一・二年生の漢字 書き問題スピードチェック⑥（23ページ）

①前・止める ②市内・森 ③戸・白い ④正当 ⑤村里
⑥高い・谷間 ⑦岩石・上げる ⑧強い・力・弓・引

⑨音楽・親しむ　⑩園・馬・五頭　⑪一年生・教える　⑫電池
⑬右足・丸石　⑭強力・手・入る　⑮同時・声・出　⑯南国・海
⑰正直・言　⑱冬・白鳥・来　⑲朝・晴れる
⑳正しく・時間・計る

一・二年生の漢字　書き問題スピードチェック⑦（24ページ）

①細い・糸・通す　②秋田・岩手・西　③青森市　④石川
⑤山口・自・多い　⑥山形・電車・行　⑦北海道　⑧日記・記す
⑨算数・答え　⑩教科書・読　⑪顔・親子　⑫頭・下げる
⑬午後・天気・知　⑭草・生える　⑮当時・中学生
⑯野原・通る・近道　⑰黄色・黒　⑱赤外線・立
⑲空手・天才　⑳光・矢

一・二年生の漢字　書き順や字形の問題（25ページ）

1 ①ア　②イ　③ア
2 ①5　②3　③3　④4　⑤5　⑥2
3 ①イ　②イ　③ア　④ア　⑤ア　⑥イ
4 ①氵　②龶　③⺶　④カ　⑤且

一・二年生の漢字　最終チェック問題①（26・27ページ）

1 ①せんしゅう　②にちようび　③あさ　④は　⑤よにん
⑥とお　⑦こうえん　⑧ある　⑨い　⑩たの
2 ①近道・通　②細・糸・組　③花・茶・草　④体・休・作
⑤池・海・活
3 ①妹　②先日　③音楽　④先生　⑤上手　⑥毎日
⑦国大会　⑧出場　⑨話　⑩母
4 ①長・朝　②円・園・遠　③社・車　④答・当・頭

練習マス（まちがえた漢字を３回ずつ書いて覚えよう！）

三年生の漢字

書き問題スピードチェック①（34ページ）

①薬局・薬　②幸せ・族　③礼　④練習・始める　⑤洋服・着　⑥秒速・進む　⑦主役　⑧丁・曲がる　⑨発表　⑩暑い・去　⑪州・育つ　⑫商品・開発　⑬湖・波　⑭身・県　⑮美しい・笛　⑯動物・乗　⑰神　⑱号・勉　⑲注ぐ　⑳球・勝負

三年生の漢字

書き問題スピードチェック②（35ページ）

①医・進む　②予定　③反対意　④温かい・飲　⑤全・旅　⑥世界・平和　⑦福島県・有　⑧屋・緑化　⑨医者・相談　⑩両・駅・送る　⑪寒・泳　⑫転・鼻血　⑬様・登　⑭都・商　⑮植物由　⑯鉄・乗　⑰央・館・君　⑱運動・開放　⑲漢・薬・研究　⑳勝・予想

三年生の漢字

書き問題スピードチェック③（36ページ）

①遊・集まる　②路・急ぐ　③昔・根・畑　④銀・皿・配る　⑤仕事・終える　⑥歯・感じる　⑦消・安　⑧平・板・重ねる　⑨岸・拾う　⑩庭・整列　⑪度・坂　⑫階・起きる　⑬橋・事業　⑭曲・決意　⑮実・油　⑯短い・息　⑰去・死・詩　⑱倍・投げる　⑲全部・問題　⑳庫

三年生の漢字

書き問題スピードチェック④（37ページ）

①期・習　②酒・使う　③悪者・守る　④葉・落ちる　⑤昭和・次・平　⑥代わり・役所　⑦陽・曲・流れる　⑧港・向かう　⑨深・暗い　⑩病院・受ける　⑪苦い・味　⑫羊・追　⑬君・横・住む　⑭氷・命　⑮級・筆箱　⑯炭・使う　⑰豆・湯　⑱次・打者・期待　⑲童・主　⑳部・宿所

三年生の漢字

書き問題スピードチェック⑤（38ページ）

①客　②悲しい・物　③寒い・指　④等身　⑤具　⑥第・章・返す　⑦係員・注意　⑧軽い・持　⑨帳・受・取　⑩柱・横・写真　⑪他・助ける　⑫皮　⑬式　⑭章・区　⑮鉄・農具　⑯荷　⑰礼　⑱流れ・身・委ねる　⑲宮　⑳申し

三年生の漢字

書き問題スピードチェック⑥（39ページ）

①球界・去　②漢　③全速　④美味　⑤氷・表面　⑥事実　⑦銀・員　⑧祭り・始まる　⑨族館　⑩委員・決定　⑪運転　⑫由　⑬向こう・島・鉄橋　⑭急・路　⑮練　⑯和服　⑰湖・命・調べる　⑱駅・待　⑲代筆　⑳温度

三年生の漢字

書き問題スピードチェック⑦（40ページ）

①羊・遊ぶ ②区役所・集 ③想・物 ④調・悪い ⑤漢・宿題
⑥屋・泳ぐ ⑦流 ⑧鼻・拾う ⑨転・追 ⑩重箱
⑪球根・植える ⑫商業 ⑬化 ⑭柱 ⑮農業・事
⑯悲しい・持・表す ⑰代わり・開ける ⑱配 ⑲進級
⑳習・終える

三年生の漢字

書き順や字形の問題（41ページ）

1 ①ア ②ア ③イ
2 ①2 ②3 ③8 ④9 ⑤8 ⑥7
3 ①ア ②イ ③ア ④イ ⑤ア ⑥イ
4 ①世 ②山 ③日 ④氵 ⑤子

三年生の漢字

最終チェック問題②（42・43ページ）

1 ①みずうみ ②ゆう ③ぞく ④しょうわ ⑤そくど
⑥てん ⑦の ⑧しょ ⑨らっ ⑩ど
2 ①苦・葉・薬 ②階・院 ③深・油・注 ④投・拾
⑤返・送・進
3 ①洋服屋 ②員 ③商品 ④美しく ⑤客様
⑥持 ⑦物 ⑧配る ⑨勉 ⑩決意
4 ①想・相 ②柱・注 ③界・開 ④習・集・終 ⑤羊・陽

練習マス（まちがえた漢字を3回ずつ書いて覚えよう！）

四年生の漢字

書き問題スピードチェック①（50ページ）

①念願 ②選挙・必ず・参加 ③夫 ④健康・散
⑤類初・試み ⑥建てる ⑦隊・加わる ⑧機械・完成
⑨臣 ⑩各・覚える ⑪卒・辞 ⑫静か・席 ⑬典的・法
⑭径・積・求める ⑮最低・働く ⑯梅 ⑰愛・借りる
⑱験・衣 ⑲候・変 ⑳改まる

四年生の漢字

書き問題スピードチェック②（51ページ）

①愛媛・観 ②潟 ③栃・照 ④奈良・鹿 ⑤大阪府
⑥岐阜・産 ⑦滋賀 ⑧茨城・残る・伝説 ⑨静岡・浴
⑩徳・特 ⑪佐賀・参加 ⑫崎・景 ⑬宮城 ⑭沖縄・城
⑮岡・然 ⑯兵 ⑰熊 ⑱鹿児島・飯 ⑲約束・信 ⑳漁

四年生の漢字

書き問題スピードチェック③（52ページ）

①群・街 ②埼・特 ③梨・果 ④崎・願う ⑤富山 ⑥労働
⑦材料 ⑧治る ⑨成・録 ⑩好・菜 ⑪管・器 ⑫孫・残す
⑬極・案 ⑭栄 ⑮陸・最 ⑯共・軍・訓 ⑰芸・協 ⑱輪
⑲神奈川 ⑳愛

四年生の漢字

書き問題スピードチェック④（53ページ）

①牧・群 ②札束・積 ③照らす ④説・省く ⑤害
⑥続け ⑦希 ⑧未満 ⑨熱帯 ⑩昨・種・芽 ⑪倉・置
⑫給・塩・量 ⑬英・貨 ⑭清らか ⑮愛・課 ⑯祝辞・印刷
⑰連結 ⑱成功 ⑲参議・選挙 ⑳司

四年生の漢字

書き問題スピードチェック⑤（54ページ）

①周辺機器 ②試験・努める ③不便 ④望・鏡・観察 ⑤固
⑥側 ⑦順・覚える ⑧差・敗れる ⑨単位 ⑩副・仲良
⑪松・梅 ⑫官・令 ⑬包・達 ⑭努・徒労 ⑮勇ましい・戦う
⑯養う ⑰灯・標 ⑱老・席 ⑲郡 ⑳唱える

四年生の漢字

書き問題スピードチェック⑥（55ページ）

①兆・以 ②副・臣・博 ③巣・飛 ④席・置 ⑤説・要約
⑥底 ⑦欠席・氏 ⑧焼 ⑨季節 ⑩察 ⑪例える
⑫無・伝える ⑬競・選 ⑭票・民 ⑮不良・選別
⑯冷たい・井 ⑰好み ⑱改良案・説 ⑲泣・笑 ⑳戦争

四年生の漢字　書き問題スピードチェック⑦（56ページ）

①香り・束　②官軍　③億・失う　④浅い　⑤無関
⑥法令・固く　⑦熱・帯びた・冷やす　⑧祝・旗　⑨成・挙
⑩極・陸・観　⑪好・覚　⑫折・付　⑬付録　⑭典・参　⑮芸達
⑯課・望　⑰巣・産　⑱冷・候　⑲願・法　⑳努・末・利

四年生の漢字　書き順や字形の問題（57ページ）

1 ①ア　②ア　③イ
2 ①2　②4　③3　④3　⑤9　⑥13
3 ①ア　②イ　③ア　④ア　⑤イ　⑥ア
4 ①月　②曰　③土　④大　⑤エ

四年生の漢字　最終チェック問題③（58・59ページ）

1 ①かながわ　②しずおか　③やまなし　④いち　⑤かん
⑥べん　⑦さいしょ　⑧とう　⑨はつ　⑩とく
2 ①貨・賀　②埼・崎　③別・刷・利　④種・積　⑤照・熱・無
3 ①鹿児島　②熊本　③宮崎　④大阪府　⑤飛　⑥未満
⑦候　⑧産　⑨量　⑩景観
4 ①管・官　②冷・令　③票・標　④競・協　⑤徳・特

練習マス（まちがえた漢字を3回ずつ書いて覚えよう！）

五年生の漢字

書き問題スピードチェック①（66ページ）

①営・再 ②志・適性・検査 ③技術・独り ④境 ⑤貯・寄
⑥精・統 ⑦構・迷う ⑧飼 ⑨複製・禁 ⑩布 ⑪似・寄
⑫際限 ⑬留 ⑭刊・貸 ⑮混雑 ⑯容易 ⑰絶・判断
⑱資・義 ⑲情・厚い ⑳税

五年生の漢字

書き問題スピードチェック②（67ページ）

①賛 ②修める ③団・責任 ④比 ⑤故・過 ⑥現象
⑦脈・築き ⑧婦・支え ⑨勢 ⑩過・績 ⑪職務
⑫殺・件・解 ⑬紀・版 ⑭液 ⑮程 ⑯航・夢 ⑰旧
⑱貿易 ⑲状態 ⑳潔・境・慣れる

五年生の漢字

書き問題スピードチェック③（68ページ）

①在・授 ②武士・歴史 ③幹・移 ④導 ⑤編・志す
⑥型・製 ⑦往復 ⑧妻・性格 ⑨均 ⑩現状 ⑪述べる
⑫興 ⑬布・破れる ⑭永久保 ⑮護衛 ⑯銅・属 ⑰効・測
⑱険・囲 ⑲制 ⑳潔・証

五年生の漢字

書き問題スピードチェック④（69ページ）

①暴・許 ②逆 ③総・判断 ④講堂 ⑤条・禁
⑥税・義務 ⑦救・喜ぶ ⑧非常・確かめる ⑨増設・費
⑩仏像 ⑪祖・居 ⑫貯・率 ⑬弁護士・接 ⑭財・造
⑮毒・防ぐ ⑯肥・耕す ⑰得 ⑱限る ⑲因・質 ⑳逆らう

五年生の漢字

書き問題スピードチェック⑤（70ページ）

①率いる ②均価格・移 ③経 ④確証・得 ⑤政・賞状
⑥提示・額 ⑦基準 ⑧災・復興 ⑨個・技 ⑩序 ⑪犯・略
⑫罪・張 ⑬制限 ⑭断・停 ⑮護師・脈 ⑯営・団・財政
⑰囲む ⑱雑・営む ⑲快 ⑳桜・粉・採

五年生の漢字

書き問題スピードチェック⑥（71ページ）

①圧・保つ ②編 ③術 ④許容 ⑤慣・久しい
⑥断・謝罪 ⑦領・規則 ⑧河 ⑨術・評価 ⑩質素
⑪応える ⑫航 ⑬限・可能性 ⑭舎・授 ⑮備える
⑯幹・枝 ⑰句 ⑱招 ⑲損 ⑳因・応報

五年生の漢字 書き問題スピードチェック⑦（72ページ）

①綿織・輸 ②情報・寄 ③仮 ④修・準備 ⑤毒・酸性・液
⑥貧しい ⑦眼・師 ⑧鉱・銅・採 ⑨故・防 ⑩燃える
⑪豊・識 ⑫余 ⑬版・刊 ⑭祖・墓 ⑮独演・招か ⑯解
⑰益・減 ⑱幹・報告 ⑲現在 ⑳耕

五年生の漢字 書き順や字形の問題（73ページ）

1 ①イ ②イ ③ア
2 ①5 ②3 ③9 ④5 ⑤8 ⑥11
3 ①ア ②イ ③ア ④イ ⑤ア ⑥ア
4 ①丸 ②長 ③非 ④夕 ⑤用

五年生の漢字 最終チェック問題④（74・75ページ）

1 ①どう ②じゅん ③か ④せき ⑤しょうじょう
⑥かこ ⑦よろこ ⑧び ⑨へ ⑩ぜっ
2 ①複・復 ②精・情 ③妻・桜 ④現・規 ⑤織・職・識
3 ①歴史 ②技術 ③資（史） ④示 ⑤税 ⑥制
⑦貿易 ⑧武 ⑨勢 ⑩興
4 ①象・像 ②飼・志 ③講・構 ④格・確 ⑤犯・判

練習マス（まちがえた漢字を3回ずつ書いて覚えよう！）

六年生の漢字

書き問題スピードチェック①（82ページ）

①敵・討論　②権・拡・批　③映・座　④針・従う　⑤模・革
⑥郵・誤　⑦延　⑧干潮　⑨冊　⑩班・揮　⑪幼・難
⑫鋼　⑬乳　⑭処　⑮存亡・危　⑯胸・閉じる　⑰宅・片
⑱警・署・勤める　⑲腹筋　⑳宇宙・秘

六年生の漢字

書き問題スピードチェック②（83ページ）

①退く　②仁　③庁・訪　④誕・忘れる　⑤聖　⑥革・劇
⑦灰・層　⑧机・並べる　⑨盟・密　⑩絹・染める　⑪宗派
⑫担・承　⑬翌・洗・干　⑭窓・射　⑮誌　⑯降・危　⑰俵
⑱縮　⑲棒　⑳将・宣

六年生の漢字

書き問題スピードチェック③（84ページ）

①諸・憲　②熟　③割・担　④宙・磁　⑤至　⑥穴　⑦閣・就
⑧厳　⑨警・装・誤　⑩骨・痛い　⑪姿・私　⑫創　⑬尊・策
⑭預ける　⑮賃・律　⑯背　⑰臨　⑱収納・寸　⑲樹・推
⑳宅・展

六年生の漢字

書き問題スピードチェック④（85ページ）

①純・困る　②尺・奏　③誠　④系　⑤著・批　⑥操縦
⑦異・捨てる　⑧蚕・専　⑨糖・補う　⑩納める　⑪盛
⑫裁・延びる　⑬蒸　⑭障・除く　⑮策・否　⑯卵・供
⑰紅　⑱域・泉　⑲株券　⑳欲

六年生の漢字

書き問題スピードチェック⑤（86ページ）

①源　②奮・蔵　③垂れる　④己　⑤皇后陛　⑥段・論
⑦胃腸　⑧簡・拡　⑨枚・割れる　⑩異　⑪肺呼吸　⑫沿
⑬穀　⑭遺　⑮覧　⑯郷・俳　⑰承　⑱灰・届く　⑲供・済
⑳党

六年生の漢字

書き問題スピードチェック⑥（87ページ）

①詞・忘れる　②衆・警・呼　③恩・忠　④域・済　⑤晩・臓
⑥盟　⑦幕　⑧砂・簡　⑨乱れる　⑩誌・値段　⑪善　⑫孝
⑬朗　⑭脳・陛　⑮幼い・視　⑯巻　⑰源　⑱針・棒
⑲秘密・探　⑳操・呼吸

六年生の漢字

書き問題スピードチェック⑦（88ページ）

①疑う ②刻・訳 ③晩 ④敬う ⑤銭 ⑥傷 ⑦優・激

⑧暖める ⑨射 ⑩舌 ⑪株・乱 ⑫貴・宝 ⑬若・宣

⑭拝む ⑮看・裏 ⑯我 ⑰揮 ⑱暮・至 ⑲頂

⑳認める

六年生の漢字

書き順や字形の問題（89ページ）

1 ①イ ②イ ③ア

2 ①1 ②8 ③8 ④13 ⑤8 ⑥7

3 ①イ ②イ ③ア ④イ ⑤イ ⑥イ

4 ①𤴔 ②手 ③丁 ④品 ⑤𠂉

六年生の漢字

最終チェック問題⑤（90・91ページ）

1 ①たん ②ひみつ ③たまご ④わ ⑤さとう

⑥じゅく ⑦なら ⑧げき ⑨ふくつう ⑩こま

2 ①専・尊 ②恩・忘 ③論・誌 ④障・除 ⑤宙・届

3 ①痛め ②退 ③警 ④勤め ⑤腹筋 ⑥背筋

⑦若く ⑧幕 ⑨晩 ⑩奮

4 ①党・討 ②蔵・臓 ③翌・欲 ④洗・銭 ⑤就・収

練習マス（まちがえた漢字を3回ずつ書いて覚えよう！）

観点別チェック①

同訓異字――1（92ページ）

①現す ②表す ③効 ④聞 ⑤治める ⑥納める
⑦収める ⑧移す ⑨映す ⑩写す ⑪合 ⑫会 ⑬経
⑭減 ⑮潮 ⑯塩 ⑰指 ⑱差 ⑲立 ⑳建

観点別チェック②

同訓異字――2（93ページ）

①始める ②初めて ③治る ④直る ⑤暑い ⑥厚い
⑦熱い ⑧計る ⑨量る ⑩測る ⑪備える ⑫供える
⑬説 ⑭解 ⑮舌 ⑯下 ⑰葉 ⑱歯 ⑲冷ます ⑳覚ます

観点別チェック③

同音異義語――1（94ページ）

①再開 ②再会 ③自信 ④自身 ⑤週刊 ⑥習慣 ⑦絶体
⑧絶対 ⑨辞典 ⑩事典 ⑪公園 ⑫講演 ⑬高価 ⑭効果
⑮機械 ⑯機会 ⑰容易 ⑱用意 ⑲予知 ⑳余地

観点別チェック④

同音異義語――2（95ページ）

①正確 ②性格 ③絶交 ④絶好 ⑤指示 ⑥支持 ⑦公開
⑧航海 ⑨政党 ⑩正当 ⑪以外 ⑫意外 ⑬衛星 ⑭衛生
⑮意向 ⑯以降 ⑰移行 ⑱改装 ⑲回送 ⑳回想

観点別チェック⑤

同音異義語――3（96ページ）

①平行 ②閉口 ③保険 ④保健 ⑤時期 ⑥次期 ⑦算出
⑧産出 ⑨新進 ⑩心身（身心） ⑪仮設 ⑫仮説 ⑬期間 ⑭機関
⑮規制 ⑯帰省 ⑰検討 ⑱見当 ⑲意志 ⑳意思

観点別チェック⑥

同音異義語――4（97ページ）

①生産 ②精算 ③故人 ④個人 ⑤公正 ⑥構成 ⑦後世
⑧制作 ⑨製作 ⑩政策 ⑪体積 ⑫退席 ⑬小数 ⑭少数
⑮先行 ⑯選考 ⑰事態 ⑱辞退 ⑲天下 ⑳点火

観点別チェック⑦

同じ部首の漢字――1（98ページ）

①模 ②条 ③業 ④検 ⑤桜 ⑥訳 ⑦謝
⑧護 ⑨警 ⑩誤 ⑪傷 ⑫代わり ⑬仁 ⑭便り
⑮候 ⑯遺 ⑰過 ⑱遊 ⑲造 ⑳逆

観点別チェック⑧

同じ部首の漢字――2（99ページ）

①落とす ②茨 ③著 ④菜 ⑤芽 ⑥決 ⑦演 ⑧潟
⑨激 ⑩源 ⑪秋 ⑫穀 ⑬程 ⑭寄せる ⑮密
⑯容 ⑰列 ⑱副 ⑲割 ⑳刷

観点別チェック⑨ 形の似た漢字――1（100ページ）

①困る ②因 ③力 ④刀 ⑤半 ⑥羊 ⑦旅 ⑧族
⑨由 ⑩申 ⑪績 ⑫積 ⑬札 ⑭礼 ⑮太い ⑯犬
⑰拾う ⑱捨てる ⑲沿 ⑳浴

観点別チェック⑩ 形の似た漢字――2（101ページ）

①亡 ②七 ③皿 ④血 ⑤熊 ⑥態 ⑦未 ⑧末 ⑨昨 ⑩作
⑪午 ⑫牛 ⑬孝 ⑭考える ⑮持 ⑯待 ⑰頭 ⑱顔 ⑲役
⑳投げる

観点別チェック⑪ 送りがな――1（102ページ）

①新しい ②必ず ③半ば ④仕える ⑤外れる ⑥細かい
⑦確かめる ⑧応える ⑨失う ⑩反らす ⑪拝む ⑫預ける
⑬断る ⑭苦い ⑮幸い ⑯冷たい ⑰改める ⑱導く ⑲易しい
⑳交わる

観点別チェック⑫ 送りがな――2（103ページ）

①明らか ②争う ③試みる ④現す ⑤快い ⑥志す ⑦幼い
⑧暖める ⑨率いる ⑩最も ⑪唱える ⑫省く ⑬直ちに ⑭養う
⑮構える ⑯退く ⑰誤る ⑱厳しい ⑲支える ⑳逆らう

観点別チェック⑬ まちがえやすい熟語――1（104ページ）

①美術館 ②輸入 ③忠告 ④商店街 ⑤望遠鏡
⑥昭和時代 ⑦単四電池 ⑧会談 ⑨救難信号 ⑩故障
⑪警備 ⑫人工衛星 ⑬積雪量 ⑭収縮 ⑮陸上競技
⑯研究成果 ⑰好印象 ⑱電子機器 ⑲任務 ⑳条文

観点別チェック⑭ まちがえやすい熟語――2（105ページ）

①適切 ②改善 ③経験 ④操縦 ⑤補欠 ⑥減少 ⑦処分
⑧松竹梅 ⑨演説 ⑩幸運 ⑪担当 ⑫重傷 ⑬照明 ⑭許可
⑮保存 ⑯胃腸 ⑰議論 ⑱専門家 ⑲健康 ⑳感心

観点別チェック 最終チェック問題⑥（106・107ページ）

1 ①買 ②飼 ③脳 ④能 ⑤死亡 ⑥志望 ⑦自己
⑧事故 ⑨至急 ⑩支給

2 ①別 ②列 ③団 ④国 ⑤恩 ⑥思 ⑦桜 ⑧梅 ⑨設 ⑩説

3 ①関わる ②加える ③耕す ④美しい ⑤喜ぶ ⑥全く
⑦行う ⑧親しい ⑨険しい ⑩用いる

4 ①一石二鳥 ②十人十色 ③電光石火 ④古今東西
⑤空前絶後 ⑥自給自足 ⑦一進一退 ⑧自画自賛
⑨異口同音 ⑩自由自在

漢字暗記帳

❶ 覚えたい漢字の「読み」を上に、「書き」を下に書きこみましょう。
❷ どちらかを下じきなどでかくしながら、くり返し読み書きの練習をしましょう。

読み

（例）けわしい

書き

（例）険しい